第3版

# 技術者のためのライセンスと共同研究の留意点

弁理士
工学博士　並川啓志　著

社団法人 発明協会

## 第3版発行にあたって

　本書は、技術者やプロジェクト担当者が他社とライセンス契約を締結したり、他社と共同研究契約や共同開発契約を締結する際、どのような点に留意すべきかをまとめたものです。別の言い方をすれば、相手会社とどのような項目を交渉したらよいのか、契約書の内容として何と何を盛り込めばよいのかをまとめてあります。したがって、相手企業との交渉を行う技術者やプロジェクト担当者、さらに、このような技術者やプロジェクト担当者を部下に持つ会社幹部の方々にも役立つと考えています。

　この本では契約書の作成自体はその道の専門家に任すことを想定していますので、上述の技術者等が契約書作成者に仕事を依頼するさいの発注書の役目もすると考えます。

　さいわい、この本は多くの方々のご利用を頂いているようでありますが、さらに色々の事例を書き加えた方がよいと考えました。

　私が、あちこちの講演会で話をさせていただいた経験から、教科書的にというか、体系的に説明を進めると、無味乾燥になりがちであるが、事例で説明すると現実味があり分かりやすいということを実感しております。

　そこで、今回の改訂では、秘密保持、改良技術、独占ライセンス、特許保証、共同研究等について、10の事例により詳しく説明した章を付け加えることにしました。

　　　平成16年4月

　　　　　　　　　　　　　　　　　　　　　　　　　並　川　啓　志

## 改訂にあたって

　最近、他社が持っている未利用特許を自社の事業に活用しようということが、各方面で語られております。

　特許庁の資料によると、折角、特許になった特許権の中で、現実に活用されているものは、40%にもならないとのことであります。利用されていない特許をもっと活用することにより、わが国産業の発展をはかるという考え方は、まことに当を得たものと考えられます。

　さらに、未利用特許を所有する特許権者が、これらを第三者に活用してもらって、その対価を受け、これで収益改善を図るとか、次の開発原資にリサイクルしたいと考えるのも、もっともな話であります。

　また、トンネルをなかなか抜けられない経済の閉塞感の中で、多くの人々が、何とかして、かつての活気を取り戻せぬものかと考えており、そのための一つの手段として、利用されていない他人の特許を自社の事業に利用できないだろうかと考えるのも、もっともなことであります。

　本稿は、このような未利用特許を活用したいと考えている方々にもお役に立てるのではないかと考えます。


　ここで、蛇足のような気もしますが、新規事業の企画について日頃考えておりますことを少しだけ述べさせて頂きます。

　新しい仕事に手を広げる場合、大切なことはどのような種類の特許技術を捜してくるのかを決めることです。つまり、自分は何が欲しいのかを決めることです。デパートへ買い物に行くときのことを考えて下さい。コートが欲しいのか、帽子が欲しいのか、それとも靴が欲しいの

か、これを決めてからでないと、買い物が始まらないのです。ぶらりとデパートに出かけ、いろいろの商品情報を集めて来るといったやり方も無いではありません。しかし、実際に買い物するときには、やはり、何を買いたいのか決めなければ、買い物は出来ません。

　さて、自社の事業展開に役立ちそうなものを欲しいと考えるのは当然として、それでは、何が役立ちそうですかという問題に行き当たります。結論から先に言いますと、これを決めることは大変に難しいことであり、また、十分に検討する価値のあることであります。何故かというと、これはその事業の将来をどのように展開して行くのかという事業企画そのものであるからです。

　現在の事業、商品、取引先、販売網、既存技術、市場動向、資金量などをよく考えて、次は、何を出して行くべきか、何を出せば成功するだろうか、自社での可能性はどうか、これを考える必要があるのです。そしてその上で、そのためには、どのような特許を必要とするかとなるのです。このように必要とするものを先に決めて、そこから考えて行くやり方を、ニーズ（needs）思考と言います。

　逆に、どのような特許が利用できるのかを先に調べて、そこから将来事業の展開を考える企画もあります。シーズ（seeds）思考と言われる考え方です。勿論、どれで無ければいけないということではありませんが、私は、シーズ思考は、事業展開の成功率が低いように思います。シーズ側から情報を得ることは一向にかまいませんし、シーズを縦に並べ、ニーズを横に並べた一枚の組合せ表にまとめて検討資料とするやり方もあります。しかし、これと決定するときにはニーズ思考でないといけないと思っています。

　かつてのバブル時代には、自社にとって何が必要なのか、何が可能な

のか、深くは検討しないで、われもわれもと新規事業に殺到したものですが、今になってみると、果たして成功したものがいくつあるのでしょうか。このようなことから、事業の新規な展開については、まず、ニーズ思考で進められるのがよいと思います。

　ニーズ思考で考える場合、まず考えられのが、現在の商品やサービスの改良があります。現商品を改良することに寄与する特許があれば、これは候補の一つと考えてよいでしょう。特に、現在の顧客が求める次の商品を提供することは重要です。また、現在の商品のコストダウンに役立つものがあれば、これも検討する価値があります。さらに、現在の商品の品揃えに役立つものも検討すべきでありましょう。

　このような検討が始まると、必ず出てくる考えに、自社商品の加工度を上げる、つまり、顧客サイドの仕事もこちらで一緒にやってしまうという考えがあります。これは、必ずしも成功しないようです。やはり、その道、その道で事業のやり方が違うようですし、それに伴う品揃え、流通なども違ってきます。

　むしろ、自社がこれまでやってきた事業範囲を若干広げる範囲くらいの中で、業界のトップを目指す方が、成功の確率が高いのではないでしょうか。

　本書は、もともと仕事に役立つことを目標に執筆したものでありますが、初版以来、企業の技術者のみならず、TLO関係の方々や、弁理士の方々からも色々と問合せがあり反響に驚いております。

　今回の改訂は、それらに少しでもお答えしようとするものであります。
　特に、第3編共同研究の留意点を全面的に加筆改訂し、さらに実用性のあるものとしました。また、ライセンス交渉の入り口で必要となる秘密保持契約について加筆し、秘密保持契約書の例を資料として追加しま

した。
　お役に立てばと思います。
　　　平成12年11月

　　　　　　　　　　　　　　　　　　並 川　啓 志

# まえがき

　今日、製造業に属する企業で新技術の開発や獲得に無関心なところはありません。いわゆるメーカーは、他社に先駆け新製品を売り出すため、また、自社製品の品質を他社製品より少しでも上げるため、さらに、製造コストを他社より少しでも下げるために、絶えず、新技術の開発に取り組んでいます。

　このような現象は、メーカーだけでなく、サービス業に属する企業においても見られます。これらの企業も新しいアイデアを取り入れて、同業者より一歩でも前に出ようと努力しています。

　企業活動において、新技術や新しいアイデアが重要な役割を果たすことが、多くの人々に認識され、知的財産権の取り扱いが国際政治の重要なテーマとなっております。

　このような企業環境のなかで、企業間の技術取引が、ますます重要な業務となってきております。そして、特許やライセンスの専門家ではない技術者が前面に出て、他の企業と、ライセンス契約の予備的交渉に入ったり、ノウハウの取り扱いや共同研究の打合せをする機会が増えております。本稿は、これら技術者の方々が、いちいち、専門家に相談しなくても、ある程度の交渉ができるように、何か、ガイド・ブックとなるものを提供することを目的にしております。

　第1編では、技術者のためのライセンス交渉の留意点を解説し、第2編では、ノウハウの取り扱い、第3編では共同研究の考え方を解説しま

した。

　巻末に参考資料として、1．特許・ノウハウライセンス契約書の例、2．特許ライセンス契約書の例、および3．共同研究契約書の例、ならびに、4．第1編で解説したライセンス交渉留意点のチェック・リスト、および、5．ライセンスの専門家が交渉の際に使用できる英文の交渉留意点チェック・リストを付けました。

　平成8年12月

並　川　啓　志

# 目　次

第3版発行にあたって

改訂にあたって

まえがき

## 第1編　技術者のためのライセンス交渉の留意点

### 第1章　契約当事者
　　1．住所、氏名、名称 …………………………………………4
　　2．当事者能力 …………………………………………………7
　　3．ライセンスする権利の有無 ………………………………7
　　4．ライセンシーの実施能力 …………………………………10

### 第2章　ライセンスの対象物
　　1．特許番号 ……………………………………………………11
　　2．対象特許の範囲 ……………………………………………11
　　3．技術情報、ノウハウの特定 ………………………………12
　　4．技術情報の事前評価 ………………………………………14

### 第3章　ライセンスされる権利の内容
　　1．製造、使用、販売 …………………………………………15
　　2．商　標 ………………………………………………………15
　　3．特許免責 ……………………………………………………16
　　4．独占ライセンスと非独占ライセンス ……………………17
　　5．将来の能力引き上げ ………………………………………19
　　6．事例・独占ライセンス ……………………………………20

### 第4章　実施権の制限
　　1．用途制限 ……………………………………………………25

2．地域制限 ……………………………………………26
　　3．能力制限 ……………………………………………26
　　4．その他の制限 ………………………………………27
第5章　サブライセンス
　　1．サブライセンス権 …………………………………27
　　2．子会社など …………………………………………28
第6章　技術情報の開示
　　1．情報開示方法 ………………………………………29
　　2．オプション契約 ……………………………………32
　　3．継続的開示 …………………………………………33
第7章　設計、建設、試運転
　　1．設　計 ………………………………………………34
　　2．図面チェック ………………………………………35
　　3．工場建設 ……………………………………………35
　　4．工場立ち上げ ………………………………………36
　　5．教育訓練 ……………………………………………37
　　6．スタッフ派遣 ………………………………………38
第8章　改良技術のライセンス
　　1．改良技術 ……………………………………………38
　　2．改良技術の定義 ……………………………………39
　　3．改良技術のグラント・バック ……………………40
　　4．事例・改良技術の取扱い …………………………42
第9章　ライセンスの対価
　　1．対価の決定 …………………………………………48
　　2．ミニマム・ローヤルティ …………………………51
　　3．ローヤルティ・ベース ……………………………52
　　4．貨幣価値の変動 ……………………………………53
　　5．控除項目 ……………………………………………53
　　6．ペイド・アップ ……………………………………54
　　7．増　設 ………………………………………………54

　　　　　　　　　　　　　　　　　　　　　　　　　　　目　　次

　　8．所得税 …………………………………………………………55
　　9．ローヤルティの減額 …………………………………………55
　　10．出願中特許 ……………………………………………………57
　　11．ライセンシーの改良 …………………………………………58
　　12．最恵待遇 ………………………………………………………58
第10章　対価の支払い方法
　　1．対価の支払い時期 ……………………………………………59
　　2．支払い通貨 ……………………………………………………59
　　3．通貨交換 ………………………………………………………60
　　4．送金先 …………………………………………………………60
　　5．ローヤルティ計算書 …………………………………………60
　　6．帳簿検査 ………………………………………………………61
第11章　最恵待遇
　　1．最恵待遇 ………………………………………………………61
　　2．オプション ……………………………………………………62
　　3．通知義務 ………………………………………………………63
第12章　特許保証
　　1．特許の有効性の保証 …………………………………………63
　　2．特許無効のときの措置 ………………………………………64
　　3．非侵害の保証 …………………………………………………65
　　4．侵害のときの措置 ……………………………………………66
　　5．事例・特許保証 ………………………………………………67
第13章　性能保証
　　1．性能保証 ………………………………………………………69
　　2．性能保証項目 …………………………………………………70
　　3．試験運転 ………………………………………………………70
　　4．保証未達 ………………………………………………………71
第14章　情報の秘密保持
　　1．秘密情報の範囲 ………………………………………………71
　　2．秘密保持除外情報 ……………………………………………72

3．秘密保持の例外 ……………………………………………………73
　　　4．他目的使用の禁止 ……………………………………………………74
　　　5．秘密保持の期間 ………………………………………………………74
　　　6．特許出願 ………………………………………………………………75
　　　7．情報の輸出規制 ………………………………………………………75
　　　8．事例・秘密保持 ………………………………………………………76
　第15章　不可抗力
　　　1．不可抗力の事例 ………………………………………………………85
　第16章　契約の譲渡
　　　1．契約の譲渡 ……………………………………………………………85
　第17章　契約期間
　　　1．契約発効日 ……………………………………………………………86
　　　2．契約期間 ………………………………………………………………86
　　　3．ライセンサーによる契約の解約 ……………………………………87
　　　4．ライセンシーによる契約の解約 ……………………………………88
　　　5．契約終了後の権利と義務 ……………………………………………88
　第18章　仲　裁
　　　1．仲　裁 …………………………………………………………………89
　　　2．仲裁地、仲裁人、仲裁規則 …………………………………………89

# 第2編　ノウハウ管理の留意点
　第1章　ノウハウとは ……………………………………………………………93
　第2章　ノウハウの記録 …………………………………………………………97
　第3章　特許化 ……………………………………………………………………100
　第4章　ノウハウ開示のやり方 …………………………………………………102
　第5章　秘密保持について ………………………………………………………107

# 第3編　共同研究の留意点
　第1章　共同研究における立場の相違 …………………………………………115
　第2章　共同研究の相手の選び方 ………………………………………………117

目　次

第3章　共同研究範囲、業務分担及び研究項目 …………………………119
第4章　費用の分担など ……………………………………………………121
第5章　報告と施設立入り …………………………………………………122
第6章　共同研究成果の帰属 ………………………………………………123
第7章　共同研究成果の特許出願 …………………………………………127
第8章　共同研究成果の実施 ………………………………………………129
第9章　秘密保持 ……………………………………………………………130
第10章　事例・契約の無い共同研究 ………………………………………131

## 参考資料

資料1　特許・ノウハウ　ライセンス契約書の例 ………………………137
資料2　特許ライセンス契約書の例 ………………………………………150
資料3　共同研究契約書の例 ………………………………………………161
資料4　秘密保持契約書の例 ………………………………………………167
資料5　技術者のためのライセンス交渉の留意点
　　　　〔チェック・リスト〕 ……………………………………………170
資料6　CHECK LIST FOR LICENSE AGREEMENT
　　　　〔専門家のためのライセンス交渉のチェックリスト，英文〕…180

# 第 1 編

## 技術者のための ライセンス交渉の留意点

## 第1編　技術者のためのライセンス交渉の留意点

　企業と企業の間でライセンス契約を締結しようという話が持ち上がるときの状況を振り返ってみると、たいていの場合、関係する技術部門の技術者や研究者が相手方企業の技術者や研究者と、何度か話し合った末に話の輪郭がみえてくるといったケースが多いようです。そして、ライセンス契約の専門家の目から見ると、その面については知識も経験もあまり無い技術者同士が延々と打ち合わせしているようなことがあります。このような話をするときには、専門家に同席して貰うのがよいのですが、はじめのうちは、まだ海の物とも山の物とも分らないので、頼みづらいということがあるのでしょう。ライセンス交渉の初期段階から、ライセンス契約の専門家が同席することは、現実には、むしろ、稀といえます。技術者同士で、ある程度話が進み、何らかのメモのようなものができた段階で、はじめて契約の専門家が呼びこまれることが一般的なようです。

　しかし、このようなやり方ですと、交渉のはじめの段階で、契約の骨子が、契約をしたいと考えている人たちの意図と違った方向で決められてしまうことがあります。相手方に悪意がある場合もあれば、ない場合もあるのですが、いわゆる、ボタンの掛け違いが起きることがあるのです。また、話のポイントを固めずに交渉を続けていると、相手方がどんどんと考え方を変えてくるようなことも経験します。このような場合、それまでの話し合いの経緯や担当者の面子のようなものが作用して、その後の軌道修正が大変難しくなることがあります。交渉をしばらく中断して冷却期間を設けたり、最初の交渉担当者を入れ替えて、一からやり直ししなければならないこともあります。途中から専門家が入ってあれこれやってみても、一度間違ったレールが敷かれてしまうと、これを本来の形に戻すのが難しいことがあるのです。

以上のようなことから、技術者といえどもライセンスに関してのある程度の実務知識を持っておかれるのがよいと考えます。ライセンス契約ほど込み入ったものでなくても、共同研究契約や秘密保持契約の交渉でも同じ知識が役立ちます。

　ここでは、技術者が、ライセンス専門家の助けを受けないで、ライセンス交渉を始めなければないときに、どの様な点に留意して交渉に臨めばよいか、重要な留意点をあげ、解説しようと考えています。したがって、本文の内容は法律上の精密さを追及するよりは、実用性に重点を置きました。技術者が最初から最後まで一人でライセンス契約交渉をまとめあげることは想定していませんが、ある程度の考え方をまとめ、契約の専門家にスムーズにバトン・タッチすることができるための留意点を以下に解説します。

　本書に参考資料としてつけたライセンス交渉留意点のチェック・リストを見ながら交渉に当たれば、それほど大きな間違いはせずにすむものと考えています。また、相手方から契約書のドラフトが送られてきた際に、何か大事な点が抜けていないか、調べるのにも役立つと思います。

# 第1章　契約当事者

## 1．住所、氏名、名称

　ライセンス契約であれ、その他の契約であれ、契約交渉の話が持ち込まれたときに、相手当事者の住所と氏名若しくは名称を調べて、確認す

ることは、交渉の第一歩であります。何だ、こんなことから始めるのかと思われるかも知れませんが、自分が交渉している相手が何者で、契約を結ぶ場合には誰の名義でやることになるのか、最初に確認しておかないと、とんだ無駄骨折りになったり、二度手間になることがあります。

ライセンスを受ける場合であれば、ライセンサー（ライセンスを与える者）が、どこの誰なのか正確に知る必要があります。逆に、こちらがライセンスを与える場合には、ライセンシー（ライセンスを受ける者）がどこの誰なのか正確に知る必要があります。

ライセンス契約には期間の長いものが多く、しかも、企業活動に重大な影響を与えるものがあります。そのため、締結したライセンス契約を無事に期間満了まで持ち込むためには、信用のできる相手と契約することが何よりも大切です。そのためには、契約の相手を正確に確認して、事前調査をしておくことが大切です。

交渉を始める場合、相手方と名刺の交換をするのが普通でしょうが、その名刺に記載されている住所が、相手企業の登記上の本店の住所であるとは限りません。最近見かける東京本社と大阪本社といったように複数の本社をもつ会社もあり、ますます混乱してしまいます。所管の法務局に出向き、相手方の法人登記をした登記簿の謄本を入手しておくことをお勧めします。何だ、面倒な話だなあ、法務局なんてどこにあるのか知らないし、登記簿謄本の申請なんてしたことがないという方も案外いるかも知れません。相手方から貰うこともできますが、上場企業の場合には、最新の会社要覧などに記載してあるもので間に合わせておき、最終段階で法務関係の担当者に協力を依頼するのでもよいでしょう。

契約の相手が著名な大学教授個人ということも時にはありますが、この場合も、例えば、東南大学工学部工業化学科主任といったような大学

での肩書よりも、先生の正確な住所、氏名が必要です。確認するためには、戸籍抄本を貰うのがよいでしょう。

　契約の相手方が外国企業の場合には、法務局で登記簿の謄本をとるということはできませんが、それに似た法人証明書のようなものがあるはずですから、それを相手方から貰うのが手っ取り早いでしょう。外国企業は、一般的に見て離合集散が激しいですし、社名変更もよくやりますので、相手方の名称の確認と住所の確認はますます重要になります。名称の類似したものがありますので、あの会社なら知っているよと、調査を省略することなく、住所や代表者名まできちんと確認することが必要です。
　私の昔の失敗ですが、きちんとアポイントを取り訪ねてきたヨーロッパ人に、いざ会ってみると、私の予期していた人とは全然違っており気まずい思いをしたことがあります。お隣の中国や韓国には、名字の同じ人が沢山いますのでますます注意が肝要です。

　ライセンスの話が、いわゆるブローカーの人から持ち込まれた場合などで、何らかの約束をしてくれないと相手を明かすことはできないなどと言うようなこともありますが、こんな話に近づくのは止めたほうがよいでしょう。ライセンスの中身さえ良ければ、相手など誰でもよいではないかといって自宅にまで電話してくるのがいます。相手にしないに限ります。

## 2．当事者能力

　ここで触れておかねばならないことに当事者能力のことがあります。自然人および法人は、契約の当事者となることができますが、それ以外のものは契約の当事者になれません。契約書の第1ページの最初にでてくる甲や乙になるためには、自然人か法人である必要があるのです。法人格のない事業本部、支店、営業所などは、契約の当事者となることができないのです。

　交渉の相手が大会社の場合、事業本部やカンパニーの名前で契約を締結したいという申し出を受けることがあります。しかし、通常、これらの事業本部やカンパニーは、法人格が無く、契約の当事者となることができませんので、注意が必要です。契約交渉は事業本部や、カンパニーと行ったときでも、契約書では、それらの事業本部やカンパニーが属する法人を契約の当事者とすることが必要です。具体例をあげますと、契約書第1ページの甲、若しくは乙が、「ABC自動車株式会社XYZ事業本部」と言うのは、好ましくありません。「ABC自動車株式会社」とすべきです。

　ここで混乱を防ぐために、一言つけ加えますと、上記の例で、契約の調印者が「XYZ事業本部長　橋本太郎」というのは問題ありません。契約の当事者と、契約の調印者は別のものです。

## 3．ライセンスする権利の有無

　次に、自社がライセンスを受ける場合には、ライセンサーになる会社

が本当に契約の対象になるような特許とか技術とかを所有しており、しかも、それらを他人にライセンスする権利を持っていることを確認する必要があります。特許の場合ですと、割合簡単に調べることができるのですが、特許になっていない技術やノウハウが対象になるときは調査することが大変難しくなります。

　特許の場合ですと、特許明細書と特許登録原簿の謄本を取り寄せて調べることができます。さらに念を入れるならば、その特許審査の経過を調べて何か不都合なことがないかをみるために、特許庁から審査経過を示す書類一式（これを包袋といいますが）、そのコピーを取り寄せることをすすめます。包袋の中身をみれば、その特許のウイーク・ポイントもわかるのです。

　単に、特許明細書のみを取り寄せ、そこに記載されている出願人の名称を見て納得する人も多いようですが、本当は、それではいけません。特許明細書が印刷された当時の出願人は記載された通りであっても、その後、ライセンス対象特許権が第三者に譲渡されていることもあるのです。そのため特許庁で特許登録原簿を閲覧して確認することが必要なのです。登録原簿をみれば、現在の特許権者が誰であるかが分るほか、他の共有者がいて、その者の同意が必要になることはないかとか、既に専用実施権を設定していて、本当はライセンスすることはできないというようなことはないか、なども分ります。手抜きをすると後で悔やむことになるかも知れません。

　ところで、特許になっていない技術情報やノウハウといったものが、ライセンスの対象である場合、これら対象物をライセンサーが本当に所有しているのかどうか、これを調べるのは、いささか、厄介です。現に

ライセンサーが使用している技術であれば、ライセンサー製品の品質や、出荷状況を調査して、ある程度の評価をすることができますが、これも考えてみれば状況証拠にすぎないのです。技術評価のための情報開示を目的とした秘密保持期間の短い秘密保持契約を締結の上で、工場見学をしたり、ある程度の情報を開示して貰うことにより、ライセンスされるであろう技術の評価をすることも通常行われます。このような場合、ライセンサー側としては、開示する情報をよく検討して、必要以上の開示をすることは避けるべきです。

　さて、技術の評価がある程度できたとしても、それらの技術情報やノウハウについて、相手方がライセンスする権利を本当に持っているのかどうかを事前に確認することは、普通は困難であります。相手がある程度の規模の会社であるとか、業界で一応名を知られた会社の場合には、それほど心配しなくてもよいのですが、相手が個人とか、小企業の場合には、申し訳ないが、どうしても気になります。なかには、以前勤めていた会社の技術資料を持ち出しているのではないかと思われるような相手もあります。

　私が、以前面接した相手の中にも、自分が今回持ち込んだ技術は勤務時間外にやったものであるから安心してくれと言われたことがありますが、このようなことを言われると、ますます心配になります。このようなときには、相手が以前に勤めていた会社に何らかの連絡をとり確かめることも行われているようですが、非常にデリケートなものがありますから、やり方に注意が必要です。このような人物は本当は避けたほうがよいと思いますが、このような人物が大変に有力なお方の紹介状を持っていることもあるのです。

　話が少し横道にそれましたが、契約書の中では、「これらの点につい

て、ライセンサーが保証する。」との文言を入れておくしかありません。色々のルートを使って事前調査を念入りにすることが何よりも大切であります。

### 4．ライセンシーの実施能力

　自社が技術を出す側、つまり、ライセンサーとなる場合には、そのライセンスが自社の市場戦略と適合するのか、確かめる必要があることは言うまでもありません。そしてこの点で問題なしとなったところで、相手が本当に対象技術を消化し、実施するための資金、技術、人材、市場などを持っているのか、事前調査しておく必要があります。相手が外国企業である場合も多いと思いますが、このようなときには、調査機関を使って入念な検討をすることが必要になります。

　1年も2年もかけて交渉し、新聞発表までしておきながら、資金調達ができずにオジャンになった例を知っています。お金の方は大丈夫としても、技術者の方がもう一つというのもあります。こんなのに限って、最高水準の技術を出してくれと言うようです。

　大きなプロジェクトになりそうな場合には、まず、フィージビリティー検討の契約から入るのが順序です。勿論、その前には、秘密保持契約の締結が必要です。これが無ければ、話し合いが始められません。

## 第2章　ライセンスの対象物

　契約当事者の確認の次は、ライセンスの対象物が何であるか、調査確

認することが必要です。取引の対象物を調査確認することが大切なことは、例えば、ご自分が住宅を購入される場合には、物件を徹底的に調べるのと同じです。よく調べないで買った土地が北海道の原野の真ん中で、付近に近づくことさえできないという話を新聞で読んだことがありますが、これなどは対象物の調査確認を怠ったからです。

## 1．特許番号

　ライセンスの対象が特許権である場合、これを明確に表示することが必要ですが、そのためには、通常、特許された国の国名と特許の登録番号を記載すれば足ります。

　しかし、ご承知のように、特許には、出願番号、公開番号、登録番号と色々な番号が付いています。権利になっているものであれば、登録番号で表示するのがよいのですが、交渉担当者の間で混乱が生じることもありますので、念のため、発明の名称と発明者の名前を併記することも行われます。

　対象の特許が年金不納などの理由で無効になっていないことを確かめる必要がありますが、これは先に、第1章3．で述べた登録原簿の調査でわかります。

## 2．対象特許の範囲

　ライセンスの対象が既に登録されている特許である場合には、かりにそれが複数の特許権であっても、前記1.のようにしてライセンスの対象物を特定できます。

しかし、将来取得される特許も含めてライセンスされる場合には、何年先に取得されたものまで含めるのか決めなければなりません。例えば、契約後5年先までのものというような決め方をします。さらに、5年先と言うときに、5年先までに特許出願されたものを対象にするのか、それとも5年先までに特許登録されたものを対象にするのかを決めておかなければなりません。どの段階を基準にするのかによって、対象となる特許の範囲が大きく違ってきます。

　次に、どのような特許請求範囲のものまでライセンス対象に含めるのか決めなければなりません。まず、次項で述べるようにして、ライセンスする製造プロセスかライセンスする製品を特定し、その上で、それらを含む特許請求範囲を有する特許権をライセンスすると決めるやり方がよく使われます。
　ライセンス特許の範囲を定義して特定することは、ライセンス戦略上の非常に重要な仕事であり慎重に行うべきですが、これを直接やることが難しい場合には、ライセンス対象製造プロセスかライセンス対象製品の定義を慎重にやることとなります。これについては次項で述べます。

## 3．技術情報、ノウハウの特定

　技術情報やノウハウがライセンスの対象である場合、これを定義し、その範囲を特定することは、特許のみがライセンスの対象である場合よりも大切であります。特許請求の範囲のように客観的に確定され公表されたものが無く、ライセンサーにしか技術の詳細がわからないからです。ライセンシーの側からすると、技術のポイントは落としたくないの

ですが、どこがポイントなのか分らないので困るのです。実際の契約交渉では、ライセンサーの方からの提案をライセンシーの方で慎重吟味するケースが多いと思います。

　定義特定する仕方としては、特許明細書の記載を例にとりますと、「発明の名称」のような特定の仕方もあれば、「特許請求の範囲」のような特定の仕方もあります。さらに、「実施例」のような特定の仕方も考えられます。一般的にみると、文章が長くなればなるほどライセンスの範囲は狭くなります。例えば、「ニッケル合金」と言うよりは、「銅1から5％、亜鉛1から3％含有するニッケル合金」と言う方が範囲は狭くなりますし、さらに、「銅2％、亜鉛2％を含有するニッケル合金」と言えばもっと狭くなります。何故このようなことが問題になるのかと思われる方もいると思います。ライセンサーの方から考えると、ニッケル合金Aはライセンスしてもよいが、ニッケル合金Bはまだライセンスしないとか、もっと高い技術料を取るつもりでいる場合などがあり、逆に、ライセンシーの方では可能性を広げておきたいというようなことがあるのです。ライセンサーとライセンシーが同業の場合にはこの問題が際立って表れることがあり、この交渉だけで半年かかることもあります。

　具体的にライセンス対象物を定義するやり方としては、上記したニッケル合金の例以外に、プロセスの場合に、「……する重質油脱硫法」や、「……からなる単結晶引き上げ方法」というようなものや；製品の場合では、「A成分5から15％、B成分12から17％、残部C成分からなる自動車エンジン用潤滑油」とか、「……からなるタービン軸受け用合金」なども考えられます。

## 4．技術情報の事前評価

　特許がライセンス対象である場合には、公表されている特許明細書を読めば中身は分ります。しかし、技術情報やノウハウが対象である場合には、その中身を知るための公表された資料がありません。そのため、技術情報やノウハウが、ライセンスの対象である場合、技術評価のための技術開示というデリケートな問題があります。

　ライセンサーが交渉段階で相手に技術の中身を完全に教えてしまうと、相手はライセンス契約を締結しなくても技術が分ってしまうので、ライセンスを受ける必要がなくなったと言い出すかもしれません。しかし、逆に、ライセンサーが、技術内容について何も教えない場合には、相手がライセンスを受ける気持にならないということもあります。ライセンシーから見れば、本当に役立つものかどうか判断もつかないのに、対価を支払う約束はできない、ということです。

　契約当事者双方のリスクを勘案して、適当な秘密保持の約束をした上で、ライセンサーが、ライセンシーに工場見学をさせたり、ある程度の技術情報を開示して、ライセンシーが技術内容の評価をできるように取り計らうのがよいと考えます。

　なお、このような場合の秘密保持契約の期間はあまり長くしない方が良いでしょう。本契約の締結に到らないこともありますので、長くても5年程度で良いと考えます。ライセンサーの立場からすれば、長い方が良いように考えがちですが、この段階で何もかも見せてしまうわけではありません。ある程度の情報を開示すれば良いのです。

# 第3章　ライセンスされる権利の内容

## 1．製造、使用、販売

　ライセンサーがライセンシーに対し特許やノウハウのライセンスを与える場合、対象製品について製造だけ認めるとか、使用だけ認めるとか、あるいは販売だけ認めるというように特定の実施態様についてのみライセンスを与えることができます。しかし、ライセンシーの方からみると、製造のみ、使用のみ、あるいは販売のみのライセンスで間に合うことも無いではないのですが、普通は少ないでしょう。製品を製造した場合には、それを使用するなり、販売しなければならないのが普通です。したがって、通常は、製造（make）、使用（use）、販売（sell）の三つの権利がセットになってライセンスされます。ただ、それぞれの権利について認められる地域が異なることはあります。例えば、製造権は日本のみで、使用権と販売権はアジア全域というようなケースです。

　上述の三つの権利のほかに、製造委託権ともいうべきものがあります。これはむしろ、英語でhave made権と言ったほうが通りのよいものですが、ライセンシー側に製造のための設備が無い場合や能力不足の場合に、第三者に製造を委託するために必要となる権利であります。

## 2．商　標

　特許やノウハウを対象とするいわゆる技術ライセンスに付帯して、商

標の使用権をライセンスすることがあります。これは、ライセンシーが、新規に市場を開拓しなければならないような場合に、既に著名になっているライセンサーの商標の広告宣伝力を借りてスムーズに市場に入っていきたいと希望するときなどに行われます。また、逆にライセンサーの側で新たな市場で自社のブランドを浸透させていきたいときに、商標ライセンスを半ば強制的に（？）与えることもあります。ここでライセンサーとして注意すべきことは、あくまでも相手の希望によりライセンスするという形をとることが大切です。

　いずれにしても、商標のライセンスは、契約の両当事者にとって、将来の市場支配と密接に関連するものですから、安易に結論を出さず、ある程度先のことも考えて慎重に決定すべきです。商標ライセンスを受ければ、ライセンシーにとっては、新規の製品分野に参入するのが容易になりますが、ライセンサーにとっては、ライセンシーを長年にわたって支配できることになります。特許権は、長くても、20年足らずで消滅しますが、商標権は永久に維持することが可能だからです。ライセンシーにとって、自社ブランドでいくのか、ライセンサーのブランドでいくのかは慎重に考えねばなりません。

## 3．特許免責

　特許とノウハウの両方をライセンスして貰う場合に、ライセンシーにとっては、ライセンスされるノウハウや技術情報の方に強い関心があり、特許があるのならそれも付けておいてくださいというケースがあります。一昔前の装置産業が外国から先進の技術を導入する場合の一般的な態度であったと考えられます。

このような場合、ノウハウのライセンスの内容や範囲については丁寧に規定するが、特許ライセンスの部分については特許のリストさえ付けないことがあります。そして、特許を積極的にライセンスするとはいわず、ライセンシーがライセンスされたノウハウを使った場合、かりにそれがライセンサーの特許を侵害する行為に相当するようなときでも、ライセンサーはライセンシーを特許侵害で訴える事はしないと約束することがあります。これを特許免責とかイミュニテイといいます。

ライセンスの対象として、ノウハウとか技術情報が重要であり、それらを使用するのに支障がなければよいという考え方のときには、特許ライセンスについて詳しく触れず、特許イミュニテイを与えると言うだけですませます。ライセンス対象特許を列記したつもりで漏れがあったりすると、かえって困るからです。

## 4．独占ライセンスと非独占ライセンス

ライセンスには独占ライセンスと、非独占ライセンスがあります。独占ライセンスは一定地域内のライセンシーを１名に限るものであり、日本国内で独占権を与えるとか、アジア全域で独占権を与えるとか、カリフォルニア州で独占権を与えるいうような形になります。これに対し、非独占ライセンスは同一の地域内に複数のライセンシーの存在を認めるものです。

独占ライセンスをさらにくわしくみると、二つに分けられます。日本特許法で専用実施権と呼ぶものは、勿論、独占ライセンスの一種ですが、これはライセンサー自身、つまり、特許権者の実施をも禁止します。特許権者が他人に専用実施権を与えたときには、特許権者自身も実

施できなくなりますので注意が必要です。いわば、これが日本の常識です。ところが、英語でいうexclusive license（独占ライセンス）はライセンサーの実施まで禁止することはしません。英語のexclusive license契約では、ライセンサーとライセンシーの二人が実施できるのです。

　このように日本の常識と外国の常識が違うために、国際契約の交渉のときには、特に、注意が大切です。英文の契約書で、専用実施権を規定するには、ライセンサーも実施できない旨を特記する必要があります。

　非独占的なライセンスの場合には、ライセンサーが自ら実施できるほか、複数の相手にライセンスを許諾することができることはいうまでもありません。日本特許法では、通常実施権と呼んでいるものがこれであります。


　ところで、独占的ライセンスを許諾することは契約するどちらの側にもリスクがありますので慎重に考えなければなりません。独占ライセンスの対価は、当然ながら、非独占ライセンスの対価よりも高くなります。独占的ライセンスを与えた場合、ライセンサーは、他の者にライセンスすることができず、ライセンス収入は一人のライセンシーの実施の成績にかかることになります。ライセンシーの実施が不十分なときには、予定したライセンス収入が得られなくなる危険もあります。独占ライセンスの対価が高くなるのは当然といえます。ライセンサーとしては、最初に貰う頭金の額を大きくすることや、ライセンシーの実施の実績に係わらず、一定額の収入を確保するために、ある程度のミニマム・ローヤルティ（後述）を課すことを考慮すべきです。

　ライセンシーからみると、対価が高いとはいえ、競争者がいなくて、事業の立ち上げが易しいに違いないとの読みがあり、何としても独占に

して欲しいということがあります。競争者さえいなければ安心であり、各年度の事業計画からみても、この程度のミニマムなら当然支払うことはできると考えてのことです。

　しかし、現実の事例をみますと、うまくいかない場合もあるようです。高い頭金を支払い独占ライセンスを受けてはみたが、市場の立ち上がりは思わしくなく、ミニマムの支払いに、四苦八苦ということがあります。

　このような場合の対策として、いったんは、独占ライセンス契約を締結しても、一定の事情、条件の下では、対価の安い非独占ライセンスに変更できるように事前に決めておくことが、現実的なようです。例えば、3年以内に年間売上額が一定額に達しないときには、ライセンサーは、独占ライセンスを、対価の安い非独占ライセンスに変更できるとか、あるいはまた、ライセンシーは、契約後3年たてば、その申し出により、独占ライセンスを、対価の安い非独占ライセンスに切り替えて貰えるとかを契約書に書いておくのです。ライセンサーの方としては、新たなライセンシーを見つけて、そちらからも収入を得ることができるように動くことができます。案外これが公平なように思います。

## 5．将来の能力引き上げ

　契約交渉をしているときに忘れがちなことで、将来、5年なり10年して製造能力の引き上げが必要になったときのことを事前に決めておくことがあります。

　ライセンシーからすれば、有利な条件でライセンス能力を上げたいと考えるのが当然でありますが、そのときになってから交渉すると、必ずしもうまくゆきません。契約担当者が変わっていることはざらですし、

相手会社が別の会社に吸収されてしまって本社も移転していることもあります。そうなると、話は一からやり直しになってしまいます。やはり、最初のときに、将来の条件を決めておく方が有利なことが多いのではないでしょうか。人情の機微にふれることではありますが。

## 6．事例・独占ライセンス

ライセンス契約を交渉する際、ライセンスを独占ライセンスとするのか、非独占ライセンスとするのか、双方が悩むことがあります。

独占ライセンスを受ければ、市場における競争を排除できるメリットがあるが、当然のことながら、支払うべき対価は高くなります。非独占ライセンスであれば、対価は独占の場合よりは安くなるが、市場に競争者が現れる心配があります。

ライセンスを出す側から見れば、独占ライセンスを与えた者が十分な実施をしないとき、又はできないときには、期待しただけの技術料収入が入ってこなくなるおそれがあります。

ラセンス契約を独占とするか非独占とするか決めるためには、ライセンシーの能力、市場の伸びなどを事前に評価し、また、予測するという難しい問題を解く必要があります。

以下の事例をみながら考えてみましょう。

### 6.1　ライセンサーのリスク

ドイツの片田舎にあるD社は、金属製の建築材料の製造販売をしていました。ある日、D社に技術流通コンサルタントのアッシュナー博士なる人物が訪ねてきました。ある日本の企業がD社の技術を独占的に買い

たいというのです。

　話をよく聞いてみると、日本の大企業が、経営多角化の一環として、D社の製品に目をつけ、日本における独占ライセンスを買いたいと云う。

　家内工業として、ドイツの山奥で細々とやっている製品が外国の企業の目にとまり、買いたいという。日本はドイツからははるか彼方であるから、たとえ技術を売ったところで、自分たちの市場が荒らされることもあるまい。

　D社社長のネッカー氏は、自分もそろそろ仕事を息子に譲るときが来ている。ここで大金をせしめるには、独占ライセンスもやむを得まい。ネッカー社長は、アッシュナー博士の話に乗ることにしました。

　日本企業の交渉団との話し合いも順調に進み、ネッカー社長としては、満足な結果が得られました。アッシュナー博士のお蔭で、高額の頭金をとり、さらに販売量に応じてローヤルティも受け取れることになったのです。

　独占的に技術導入した日本企業のT社では、工場建設に入る前に市場開発を行なうこととし、D社の製品を輸入販売することとしました。T社では、市場開発チームをつくり、国内販売を始めたのですが、なかなか思うように売れません。どうやらヨーロッパ人の品質要求と日本人の品質要求に差があり、ドイツの市場に受け入れられている商品そのままでは、日本の市場では、必ずしも歓迎されないことが判りました。市場開発チームに技術者も加わり、あれこれ改良をやってみましたが、結局、このプロジェクトは中止ということになりました。

　D社の2代目ネッカー・ジュニアとしては、日本市場への輸出も経験し、何とか日本の市場をひろげたいと考えました。しかし、独占権を与

えたT社が動かない以上どうすることもできず、日本市場への進出をあきらめました。

　独占的なライセンスを許諾した場合、そのライセンシーが対象技術を十分に実施してくれないと、実施料がどこからも入ってこなくなりますので注意が必要です。

## 6.2　ライセンシーのリスク

　日本のT社では、電子部品事業に参入すべく、内外の調査機関を使って多方面にわたり調査検討を行なっていました。そのような調査検討を行なっているときに、自社の研究所のある研究員が面白そうな特許公開公報を見つけたといって、本社の電子部品企画担当者のところへ持ってきました。

　調べてみると、その公報に記載されている電子部品は、現在は市販されていないが、比較的簡単な構造をしており、新規参入者にも歯が立ちそうなレベルのものでありました。しかも材料的にはユニークなものでありました。市場予測の結果もかなり急速に伸びるという結果がでました。

　問題の特許出願は、未だ公開段階であり、特許庁における審査はこれからというものでありました。さらに、その特許出願の出願人は、フランスの有名なF社であることがわかりました。

　そこで、T社では問題特許出願の出願人と交渉してみようということになりましたが、これまで何の取引もなく、誰にコンタクトすればよいのかさっぱり判りません。T社の特許部長の和歌山氏に相談したところ、F社の特許部長なら面識があるという。それなら話は決まったとばかりT社のチームはF社を訪ねることになりました。

F社でも、チームを組んでT社の話を聞いてみようということになり、両会社の代表はパリ郊外にあるF社研究所で第1回目の会合を持ちました。

　T社側では、市場予測の結果を説明しましたが、日本市場は急速に成長すると思われる。したがって、ローヤルティの料率は高くしなくとも十分な技術料の支払いが予測されるというような説明をしました。

　F社側代表者は、T社がライセンスを希望するなら、ライセンスすることが可能である。ライセンスは、独占でも非独占でもよい。日本特許出願そのものを売却してもよいとも表明しました。

　なんだか拍子抜けしたT社側は、それは何故かと尋ねました。

　F社では、このプロジェクトを継続しないことに決定している。F社では、もっと高度な製品を開発するために開発資源をそちらにまわすという。必要なら、F社の所有するノウハウも全て提供できるという。

　それでは、F社側はどの程度の対価を考えているのか伺って、一日目の会議は終わりにしようということになりました。F社側の申し出の額は、T社の予想をはるかに越えるものでありました。

　その晩、東京に電話し交渉の概要を赤堤事業部長に伝えたところ、ノウハウも貰えるのならなお有難い、対価については確かに高いが、独占ライセンスを貰えないかという返事が返ってきました。赤堤事業部長としては、未経験の新規事業に乗り出すにあたり市場を独占できれば、これは非常にやりやすくなると考えたようです。

　その後、何回かの会合をへて、両社は、合意に達しました。

　合意の骨子は、F社は、特許についての独占的ライセンスおよびノウハウを提供する、他方、T社は、頭金、売上金額比例のローヤルティおよびミニマム・ローヤルティを支払うというものであります。

さて、Ｔ社では、Ｔ社技術陣がＦ社研究所でノウハウを学び、製造設備を建設し、試験販売を開始しました。

　本邦初の電子部品ということもあり、最初、いくつかの大企業から注文が入り、関係者を喜ばせました。ところが、その後、需要は期待したほどには伸びません。どうやら需要は研究用の需要であり、本当の意味での需要ではありませんでした。Ｔ社でつくりはじめた電子部品の市場はまだ立ち上がっていなかったのです。

　Ｔ社のこのプロジェクトは、ミニマム・ローヤルティの支払いも加わって、開始から３年経っても赤字が続きました。そしてこの先、いつになったら市場が立ち上がるのか見通しが立ちません。赤堤事業部長もさすがに弱気になり、このミニマム・ローヤルティを何とかしてもらえぬものだろうか、ということになりました。

　そこで、相談を受けた和歌山氏は、Ｆ社の旧知のガトー氏と交渉してみることにしました。

　交渉の結果、これまでの独占ライセンスは非独占ライセンスに変更する。その代わり、ミニマム・ローヤルティは無しにする。ランニング・ローヤルティも１％下げるということで話し合いがつきました。Ｆ社としても、Ｔ社の事業展開が芳しくなく、別の会社にもライセンスできないか考えていたところでしたので、契約の変更について話合いはスムーズにできました。

　最初の契約書で、お互いに相手側に独占ライセンスを非独占ライセンスに変更できるオプションを与えることとし、そのオプションを行使できる条件を規定しておけば、再交渉の危険もありません。また、再交渉の費用も省けるというものです。

　市場や社会の状況は変化するものですから、その変化に対応できるよ

うに契約を最初からつくっておくことが大切です。

# 第4章　実施権の制限

## 1．用途制限

　ライセンスされる技術はその性質上、特定の用途のみにしか使用できないものと、二つ以上の用途に使えるものとに分けられますが、大抵の技術はいくつかの用途に使えます。例えば、電解銅箔製造の技術は、メッキの技術としても転用可能なことがあります。

　流動反応装置の技術ならば、硫酸製造装置にも、石油精製装置にも使用することができると考えられます。このような場合、ライセンサーは、ライセンスした技術の用途を特定のものに制限することができます。

　ライセンサーが新しい技術を開発した場合、同業者を増やす形のライセンスはしたくないが、異分野で使うのならライセンスしてもよいという場合があります。また、P製品を製造するのは困るけれど、Q製品ならば製造してもよい、という場合があります。このような場合には、用途の制限をしながらライセンスをすることが可能です。

　ライセンシーの方で、ライセンスを受けてしまえば、後は何に使おうがライセンシーの勝手というわけには行かないことがあるのです。

　なお、ライセンシーが、ライセンサーの全く知らなかった用途にライセンス技術を適用できることを発見した場合、これはライセンシーの発明とはいえ、なおライセンサーの権利が及ぶものなのか、それとも、ライセンシーの単独の独自技術ということになるのか、事前に決めておく

ことは困難です。このあたりは、当該技術分野の特許性の判断などを参考にしながら、事後的に、ケース・バイ・ケースで話し合うことになります。

## 2．地域制限

　ライセンスの制限でよく見かけるものに、地域制限があります。例えば、製造は日本だけ、販売はアジア全域といったたぐいのものです。製造地域を限定することはそれほど問題はありません。通常、契約の当事者の希望に従って決めることができます。
　しかし、ライセンス製品の販売地域を制限することは、競争制限と解釈され独禁法に抵触することがありますので注意が必要です。例えば、欧州共同体内の国々で製品の移動を禁止するような制限をすることは認められません。韓国や中国でも国内で生産した製品の輸出禁止をすることは大変難しいようです。販売地域の制限は関係国、関係地域の規制をよく調べてから決めることが大切です。

## 3．能力制限

　ライセンス契約に規定される制限としては、他に製造能力の制限があります。製造能力を制限をしない場合もありますが、製造プラントの技術をライセンスする場合などは、そのプラントの製造能力を決めることが一般的です。ライセンシーの側で製造能力に不足が生じ、設備の増設が必要な場合には、あらためて増設のための契約をすることになります。特許ライセンスの場合には、特許権が消滅すればそれでおしまいで

すが、ノウハウ・ライセンスの場合は、ノウハウが公知にならない限り、こんなことが続きます。

　ライセンスを受けた技術をライセンシーがマスターし、さらにそれを技術改良して、基本的には元のままのプラントではあるが、製造能力が増加したというようなこともあります。このような場合、ライセンシーは追加の支払いをすべきなのでしょうか。色々な考え方がありますが、これも初めに決めておいたほうがよいでしょう。

## 4．その他の制限

　ライセンサーとしては、ライセンシーの活動について、何かと制限を加えて、自分の事業の邪魔にならないようにしたいとか、技術料などの収入を増やしたいとかがあるのですが、ライセンス製品の販売価格に制限を課することは大抵の国で禁止されています。また、特別の事情が無い限り、ライセンス製品の製造原料の購入を義務ずけることも禁止されています。

# 第5章　サブライセンス

## 1．サブライセンス権

　ライセンシーが、ライセンスされた特許や技術情報を、さらに第三者にライセンスする事ができる権利をサブライセンス権といいます。
　ライセンシーがサブライセンス権の許諾を受けたいときには、そのこ

とを契約に明記することが必要です。契約に明記されていない場合は、サブライセンス権は無いと解されるのが一般的です。

　サブライセンス権は、関係会社や子会社にライセンスされた事業を行わせる場合など必要になります。

　サブライセンス権は、そのほか、ライセンス製品の業界を支配するために利用されることがあります。例えば、国内のＡ社が、外国企業から通信機部品のライセンスを受け、国内のＡ社以外の会社は、Ａ社からサブライセンスを受けるという形があります。このような形をとると、Ａ社は、ライセンス製品に関しては、あたかも代表者のように振る舞い、何かにつけ他の会社に影響を及ぼすことになります。ライセンサー側からすればＡ社に他社の管理を任せられるということもあります。

## ２．子会社など

　サブライセンス権があると規定する場合でも、無制限に、誰にでもサブライセンスしてよい場合と、そうではなくて、これこれ、しかじかの会社に限るといった場合があります。したがって、どのような会社ならばサブライセンスしてよいのかを決めておく必要があります。例えば、子会社ならばよいということになっても、さらに、ライセンシーが50パーセントを超える株式を保有する子会社に限るなどと制限を付けることもあります。

　サブライセンスを与えられるのは、ライセンシーの支配がおよぶ範囲の会社であればよいというのが一般的です。

　ライセンスされた技術をもとにして新規事業を起こそうとする場合など、そのための子会社を別につくって、これに当たらせることがありま

すが、契約交渉の段階では、そのような子会社がまだ設立されていないこともあります。このようなときには、親会社が、まず、ライセンシーになり、これが将来設立される子会社にサブライセンスするかたちがとられることがあります。ライセンサーの側から見ても、設立したばかりの会社にライセンスするよりは、その親会社にライセンスする方が安心ということであります。このような場合には、サブライセンスできる先は特定の一社ということになります。

# 第6章　技術情報の開示

## 1．情報開示方法

　ライセンス対象物が特許の場合ですと、その内容は、特許庁より公にされている特許明細書を読めば明らかになります。ライセンサーの方で、ライセンス技術の説明書のようなものを、ことあらためてつくる必要はありません。通常は、ライセンシーの方で特許明細書を十分に検討してから特許ライセンスを申し込んでくるものです。

　ただ、ライセンサーとしては、ライセンシーに技術を十分に実施して貰って、できるだけ多くの技術料を支払って貰うために、参考となる資料を提供することもあります。このような資料提供は本来義務的なものではありませんが、両方の契約当事者の利益になる場合が多いのです。

　ところが、ライセンス対象物が技術情報とかノウハウである場合には、その内容をライセンサーが秘密にしております。そのため、ライセンシーは、ライセンサーからこれらの開示を受ける、つまり、教えても

らわなければ、その技術を実施できません。したがって、ノウハウ・ライセンスの場合には、技術開示は必須の項目であり、非常に大切なものとなります。特許ライセンスの場合には、ライセンシーはライセンサーに対して特許訴訟など何もしないでくれと、不作為の要求をしているとも考えられますが、ノウハウ・ライセンスの場合には、ライセンサーに対して技術の開示、つまり作為を求めているのです。

　ライセンシーにとっては、どのような形で技術を開示してもらうのか、つまり、教えてもらうのか、ライセンサーにとっては、どのような資料を準備しなければならないのか、きちんと決めることが必要です。通常、技術情報やノウハウは紙や電子記録媒体に記録されておりますので、ライセンサーはライセンシーに対しどのような書面、電子記録を渡すのか詳細に決めておくことになります。

　技術開示を受ける側としては、なるべく沢山の資料をもらいたいという気持があるようですが、多ければよいというものでもありません。私の知っているあるケースでは、わずか2ページの書類で用が足り、それに対してライセンシーが3,000万円支払いました。

　さて技術を記述した資料としては、色々のものが考えられます。例えば、次のようなものがあります。発明記録書、実験報告書、開発記録書、パイロット・プラント設計図、パイロット・プラント運転マニュアル、プロセス・フローシート、商業プラント・プロセス設計図、基本設計、詳細設計、装置設計および製作図面、装置据え付け方法、プラント運転マニュアル、品質管理基準、組成表、分析方法、測定方法など、色々あります。さらに、サンプル、モデル、工具、部品といったものが技術開示の補助的手段として使われます。さらにまた、製造工程を記録したビデオが提供されることもあります。

技術開示のために使われる資料は、ライセンスする技術の完成の程度により異なってきます。その技術がすでに工場で実際の生産に使われているものである、いわゆる実証化されたものである場合には、その現実に存在する製造装置の設計図面、機器製作図面、運転マニュアル、製品品質管理法などがあるはずです。これらは技術資料としては一級のもので、受け取る側に安心感を与えます。

　ライセンスする技術が、まだ実証化されていないものである場合、例えば、パイロット・プラントの段階である場合には、パイロットの設計図面やパイロットの運転マニュアルなどを提供することになります。このような場合、受け取る方では、提供された資料をもとに、まずパイロット・プラントをつくるところから始めるのが無難です。

　担当者によっては、その辺りは省略して、直接製造プラントの設計に入りたがることもありますが、当然リスクが高くなります。このような場合、ライセンシー側の技術者がライセンサーの工場に何カ月間か滞在し、実際にパイロットの運転に携われるようにアレンジできれば、技術習得もきちんとでき、装置のスケール・アップに伴うリスクを軽減できるのではないでしょうか。

　ライセンスされる技術がパイロット段階にもできておらず、いわゆる未完成技術である場合には、ライセンシー側のリスクが大変高くなります。このような事情は当然対価の額や、その支払い方法に跳ね返ってくるものですが、このようなときには、ライセンシーの方は、研究者の実験ノートのコピー、出願中の特許明細書のコピー、実験装置の写真、実験中に撮ったビデオなどといったものも受け取るようにすべきであります。ライセンシーの方から技術者を派遣し、しばらく一緒に実験できるようにすることも必要です。

技術が未完成である場合には、相手のあることですから一方的に決めるわけにはゆきませんが、単なるライセンス契約ではなくて、共同研究の契約にするほうがよいかも知れません。また、このような契約ができない場合には、ライセンサーをコンサルタントとして、しばらく雇うことも検討すべきです。

## 2．オプション契約

ライセンシーが色々の方法を使って、ライセンス対象技術の事前評価を試みるのは当然ですが、それでも肝心のところはブラック・ボックスになっていて分らないということがよくあります。このような場合、一か八かでライセンス契約を締結するというのも一つの選択です。

しかし、ライセンサーとオプション契約を結んで相当程度の技術情報を開示してもらう方法もあります。ライセンシー側は、近い将来ライセンス契約を締結することを前提として、相当程度の技術情報を開示してもらうことを条件に、有償でライセンス契約締結のオプション権を受けるのです。このオプション契約を結ぶためにはライセンシーがある程度の対価を支払うことになりますが、この金額は全額、将来締結するライセンス契約の頭金に充当できることにしておけば、二重払いにはなりません。

開示された技術情報を社内でよく評価検討し、これなら大丈夫ということになれば、オプション権を行使してライセンス契約に進むことになります。評価の結果が思わしくないときには、オプション権の行使を諦めることになります。オプション契約に支払ったお金は戻ってきませんが、ライセンサー側としてもリスク覚悟で相当の資料を出しているので

すから仕方ありません。それでも、ライセンシーにとっては、最初からライセンス契約に突入するよりは相当の節約になるはずです。

## 3．継続的開示

技術の開示で次に留意することは、技術情報の開示が、最初の一回だけなのか、それとも、ある期間継続的に行われるのかということです。ライセンサーから見ると、継続的開示はやりたくないのが普通ですが、ライセンシーとしては、一定期間継続的に情報を受け取れるようにしておいた方が技術を完全に習得するために都合がよいということがあります。例えば、契約の発効日から、2年間は技術開示のフォロー・アップがあるというような決め方です。

ただ、継続的な情報開示を行う場合は、ライセンサーが、一方的に行うのではなく、両方の当事者が双務的に行うことを約束するのが信頼関係を築く上でよいようです。

# 第7章　設計、建設、試運転

ライセンサーがライセンシーに技術開示を行っても、ライセンシーがこれを有効に使って目的とする製造設備を建設したり、運転したりする実力を持っていない場合があります。第二次大戦後の日本もこんな状態がしばらく続きましたので、他人ごとではないのですが、それでもなお技術を導入して産業を興したいという気持はあったのです。世界の中には、今日でもこのような状態の地域が沢山あります。

ライセンシーが自ら技術を習得して、これを使用する自信がない場合、ライセンサー、若しくはライセンサーの指定する者が、製造工場の設計や建設まで請け負うことがあります。また、相手の技術水準によっては、工場完成後も相当の期間、ライセンサーの派遣した技術者が製造設備の運転を指導するようなこともあります。

　このような役務の提供を伴う場合には、単なるライセンス契約ではなく、エンジニアリング契約、運転請負契約などのほか、事前のフィージビリティ・スタディ契約や、資金調達のための契約、合弁契約などいろいろのものが入ってくる可能性があり、契約当事者として、エンジニアリング会社や、商社が参加することもあります。

　このような場合、工場建設に必要な業務をリスト・アップし、ライセンサーとしては、何をどこまでやるのか明確に規定しておく必要があります。ライセンサーとして依頼される可能性のある役務提供には次のようなものがあります。

## 1．設　計

　設計と一言でいっても、基本設計、詳細設計、機器設計など色々の段階があります。ライセンシー側にある程度の技術力がある場合には、詳細設計は自分でやるから、基本設計と主要機器の図面だけくださいというようなケースがあります。このようなときには、ライセンサーの仕事は比較的簡単です。

　しかし、詳細設計までやって欲しいということになると、これは大変な作業になります。ライセンサーが現に所有している製造設備と同じ能力のものでよいと言うのなら、多分、すでにある図面をコピーすれば相

当程度のものができると思われますが、ライセンシーの希望する独自の能力や仕様にあわせるためには、多くの技術者の時間が必要になります。ライセンサーの方にそのような業務を担当させる技術者の余力が無い場合には、話がまとまらないこともあります。ライセンサーとしては、技術輸出のための技術者チームをつくれる余力があるのかどうかということを最初に検討すべきであります。

## 2．図面チェック

　ライセンサーから開示された技術資料を利用してライセンシーが自ら設計をやるが、その結果について自信がない、何か不安が残るという場合があります。このような場合、ライセンサーの技術者が、ライセンシーの技術者の作成した設計図面のチェックをしてあげるというやり方もあります。このような段取りで仕事をやる場合には、ライセンシーとすれば技術料の支払いをある程度節約できますし、ライセンサー側としてもこれにかかわる技術者の数が少なくてすむので受け入れやすいということがあります。
　上述のような段取りをとる場合、ライセンサーの図面承認担当者が、現地に駐在することもあれば、駐在しないこともあります。これも双方の都合と、支払可能な金額に応じて決めることになります。

## 3．工場建設

　必要な設計図面ができると、主要機器の発注、建設予定地では基礎工事という段階に進むわけですが、ここで、ライセンサーは工場建設の監

理を請け負うのかどうか決めておく必要があります。

　建設の現場が、先進国の中にあり、相手企業の技術水準もそこそこという場合には、少数の技術者をコンサルタント的に駐在させ、建設の指導をすることで間に合うことがあります。

　しかし、後進国で工場建設を全て取り仕切るような監理をやる場合には、相当数の技術者を何カ月間も、場合によっては数年間駐在させなければなりません。インフラが整備されておらず、道路や港の建設などからはじめなければならないこともあります。派遣される技術者の生活の問題も考えなければなりません。ライセンサーとしては相当の覚悟が必要になります。

## 4．工場立ち上げ

　工場の建設が終わると、設備の試運転、設備の立ち上げということになりますが、ライセンサーが工場の設計と監理を行った場合は、引き続き工場の立ち上げもお願いしますということになります。このような場合には、ライセンシーは全面的にライセンサーに頼っているわけですから責任も重くなります。

　やっと工場の建設が終わっても、原料供給を行う工場が不調のため、また、必要な電力や用水の供給が思うにまかせず、新工場の試運転が延び延びになることもあるようです。

　ライセンシーの技術者が中心になって工場の建設を行った場合でも、工場の立ち上げについては、立ち会って指導して欲しいということもあります。このような場合、色々のケースを考えに入れ、条件とか責任について詳しく取り決めておくことが望ましいと思います。

## 5．教育訓練

　ライセンシーが技術導入する際、ライセンシーの技術スタッフを、ライセンサー工場などで事前に教育訓練しておく必要があることがよくあります。これをどの程度やる必要があるのかということですが、相手のレベルなど考えて計画することが大切です。

　まず、人数はどの程度にするのかという問題があります。あまり多くても教育できませんので、二つに分けてやることを考えなければならない事もありますし、職種に応じていくつかに分けることもあります。

　教育の場所は、ライセンサーの工場、研究所、研修所などの施設で行うのが普通です。教育の期間や回数については、一応の計画を立てて、はじめても、進み具合を見ながら変更できるようにしておくのが合理的です。分っていることを長々と説明するのも無駄ですし、当初の計画のとおりのスピードでは、ついてこれないこともあります。

　ライセンシーが外国企業の場合には、教育に使用する用語が日本語というわけにはいかないこともあります。このような場合、何語でやるのか決めておく必要があります。先生の語学力によっては、通訳をつける必要もあります。

　このような教育訓練にかかる費用は、全て、ライセンシーの負担となりますが、これらの計算には、ある程度国際的に認められた基準があります。

　派遣されるライセンシーの技術者が、慣れない異国の工場で負傷することもあります。このようなときのために、派遣技術者に傷害保険をかけることも考えておかなければなりません。

## 6．スタッフ派遣

　ライセンシーが、工場を建設する場合に、ライセンサーが技術スタッフを派遣し、工場の設計や工場の建設を指導したり、援助することはよくあります。このような指導、援助をどの程度のものとするのか、事前に決めておく必要があります。この場合も、前項5.で説明したような、派遣人数、派遣期間、派遣回数、使用言語などを事前に決めることになりますが、特に、派遣技術者の日当と日常経費、さらに旅費、保険料などの支払いについて決めなければなりません。技術者の日当や経費については、ある程度の国際基準というものがあります。

　ライセンシーは、新しい技術を導入するに当たり色々の不安があります。そのため派遣技術者による指導や援助を過剰に要求する場合があります。このようなときには、ライセンシーに対し、技術者の派遣を要求できるオプションを与え、必要が無ければ、省略できるようにしておくことも行われます。

# 第8章　改良技術のライセンス

## 1．改良技術

　技術というものは常に改良されています。今日では家庭でごく普通にみられる大型テレビの画面表示に使われているブラウン管は50年以上の歴史のあるものです。50年前は、わずか2インチの白黒ブラウン管が貴

重品でした。それが、今日では29インチ、32インチといった大型のカラー・ブラウン管が一般家庭にみられます。これは多くの技術者が多年にわたり改良を積み重ねてきた結果です。一般家庭でビニール袋とかポリ袋とか呼ばれているポリエチレン袋のポリエチレンの製造法について振り返ってみると、これも50年以上の歴史があります。これも絶えず改良に改良を重ねてきたものです。このように技術は絶えず改良されるものであり、改良されない技術はないといっても間違いありません。

　ライセンシーが導入した技術にしがみついて、これを改良しないといったことは、通常はあり得ないことです。ライセンシーは、同業者との競争のなか、製品のコスト・ダウンのため、また、製品の品質改良のため絶えず導入技術の改良を考えます。

　したがって、ライセンサーとしては、ライセンシーが将来開発する改良技術を使えるようにしておきたいという希望があります。将来、ライセンシーに追い抜かれる事は避けたいということです。このため、ライセンス契約には、後述するように、改良技術のグラント・バック条項といって、ライセンシーの改良技術をライセンサーにライセンス（予約）する条項を入れることがよく行われます。

## 2．改良技術の定義

　さて、ライセンス契約に将来できてくる改良技術を交換する旨の取り決めをする場合、改良技術の定義をすることが大切です。そうしないと、後々、開発された改良技術が交換の対象になるのか否かが争われることがあるのです。例えば、最初にライセンスされた技術が、自転車のハンドルに関するものであった場合、後に、自転車のブレーキに関する

改良技術が生まれた場合、これを交換する必要はあるのか、無いのかという問題です。自転車の改良技術というように拡大解釈すると交換対象技術に入ってくることになります。

ほかの例として、最初にライセンスされた技術がポリエチレンの製造法であり、改良技術はエチレンに少量のプロピレンを加えた共重合体の製造法である場合には、どの辺りに境界を引くのかというような問題もあります。(この場合には、むしろライセンス対象技術の定義で考えたほうがよいのかも知れませんが)。

最初にライセンスされた技術に比べて、改良技術の方が格段に優れ、経済的価値が高いこともありますので、私は、ライセンサーとライセンシーの両者の貢献度が正当に評価されるような定義の仕方が望ましいと考えます。両当事者にとって比較的リスクの少ない無難な定義の仕方としては、「ライセンスされた技術の構成要素の全部を主要部とし、ライセンス技術と同一目的を達成するもの」という決め方があります。これをこのままの形で使ってもよいのですが、この考え方を具体的に、対象技術の構成要素で表現することも勿論できます。

## 3．改良技術のグラント・バック

ライセンシーが契約期間中に開発した改良技術をライセンサーにライセンス・バックすることを改良技術のグラント・バックといいます。

昔は、ライセンサーが、ライセンシーの開発した改良技術を無償で取り上げて、自ら実施することはもとより、他のライセンシーにライセンスすることもありました。しかし、このような取り決めは、最近は見かけません。改良技術をグラント・バックさせるときに、これをライセン

サーに対してのみ独占的にグラント・バックにさせることや、ライセンシーのみが一方的に義務を負うということは独占禁止法上認められません。グラント・バックは、非独占的とし、第三者に対してもライセンスできる余地を残しておくこと、さらに、ライセンサーもライセンシーに対して改良技術をライセンスする同様の義務を負うことを条件に認められるのです。

　改良技術は企業間の競争の場で大変重要な武器であり、これをライセンサーにグラント・バックすると約束する場合には、ライセンサーもその後の改良技術をライセンシーにライセンスする約束をすべきであります。改良技術のライセンスの取り決めは、いわば、クロス・ライセンスのような形で両当事者間でバランスのとれたものにすることが大切です。

　両当事者が、改良技術を将来交換することに合意する場合、その範囲、期間などどうするのかという問題があります。

　まず、特許もノウハウも両方とも交換の対象にするのか、それとも特許だけ交換するのか考えなければなりません。ノウハウを交換する場合には、特許も交換することにしなければ矛盾が起きます。ノウハウは教えるが、それを使えば特許侵害で訴えるというのでは話になりません。しかし、特許だけをクロス・ライセンスするというのならあり得ます。ノウハウそのものは、相手方が自力で開発することとし、自力開発したノウハウを使っても特許侵害で訴えないという約束をすることは可能だからです。

　次に、期間をいかほどにするのかという問題があります。3年にするのか、5年にするのか、それとも10年にするのか、これも戦略上は重要な項目であります。両当事者の今後の開発能力をじっくり評価してから

決めることになります。ライセンシーの立場から考えると、自分の技術力が何時ごろライセンサーを追い抜くかを考えてみることになります。

　改良技術のライセンス・バックを受けるさい、単にライセンサーが使うだけでなく、他のライセンシーにも使わせるためにサブ・ライセンス権つきでグラント・バックを受けることがあります。このような取り決めをする場合には、ライセンシー同士で改良技術の交換ができ、不平等にならないように配慮することが必要です。

　以前は、ライセンサーが主催者となり、世界中のライセンシーを一堂に集めて定期的に技術発表会を行い、技術の交流を図っているグループがいくつかありました。現在でも、改良技術の取り扱いなどに留意して独占禁止法などに抵触しない形で技術発表会を行うことは何ら問題はないと考えます。このような仕掛けをつくると、関係する技術者は、結構張り切ってやるものですから、技術の進歩に役立つことになります。

## 4．事例・改良技術の取扱い

　技術ライセンスを受けた者、つまりライセンシーが、ライセンスされた技術を実施するうちに、新たな改良技術を生み出すことはよくあることです。技術を実施する者は、いつも製品の品質向上や製品のコストダウンを図るための改良を心掛けるものだからです。

　そこで、ライセンシーが完成した改良技術を、ライセンスを許諾した者、つまりライセンサーに使わせるのか否かという問題について、事前に考えておく必要があります。

　以下の事例をみながら考えてみましょう。

## 4.1　譲渡かライセンスか

　1980年代7月のある日、J社の桜田工場長は、ヨーロッパのK社を訪問し、旧知のボルグ工場長と歓談していました。何しろ、2年前にK社から技術導入した製造設備の建設を無事に終え、設備は順調に稼動し始めていたからであります。

　桜田工場長は、根っからの技術者であり、自分たちは、技術導入した技術をそのまま実施するだけでは満足せず、さらに改良し、今に、K社のオリジナル技術より優れたものにして見せると心意気を述べました。これに対し、K社ボルグ工場長は、椅子から巨体を乗りだし、自分の長年の経験からみて、それは簡単ではないはずと思うと述べ、さらに、そのようなことが出来るなら、ぜひ見せてもらいたいものだと付け加えました。

　桜田工場長は、その場の雰囲気に乗せられて、改良技術が完成した暁には、ボルグ工場長をお招きして、ぜひ詳しく見ていただくことにしましょうと申し出ました。

　数年後、桜田工場長の改良技術は完成し、ボルグ工場長は招かれて日本にやってきました。昔気質の技術者のつねとして、桜田工場長は、どこをどのように変更したか、ことこまかに説明したうえで、よく判るように図面も上げましょう、ということになりました。

　翌年、桜田工場長はK社を表敬訪問しました。今度の訪問では、工場まで足をのばすことはなく、K社の本社で、K社社長ら幹部も交えての会談となりました。

　そこで、ボルグ工場長は、J社の改良技術は立派なものだと持ち上げ、K社社長は、その改良技術を使ってもよいのかとたずねました。桜田工場長は、お付きの技術者を振り返りながら、あの図面は、この前、

さし上げたものだなと、念を押してから、あれは差し上げたものですと答えました。

　K社側の同席者から、この件につき、簡単な覚書をつくっておきたいとの話がでて、1頁の簡単な覚書をつくりました。その覚書には、J社は、K社に対し改良技術を与える（GIVE）と書かれました。

　さらに数年後、K社は、オリジナル技術は自社のものとはいえ、これにJ社で完成させた改良技術を付け加えて、アジアのC会社に技術輸出することになりました。この話が、J社に伝わると、K社が受注に成功した場合、J社は改良技術の技術料を貰うことができるのかどうか、という事がにわかに問題となりました。J社としても、この技術輸出に関心があったのです。

　K社に問い合わせたところ、K社法務部の見解として、本件に関し、K社がJ社に支払いをすることはない。何故ならば、先の覚書により、問題の改良技術はすでにK社に帰属しているからである、というものでありました。

　一方、J社としては、図面を上げるということを確認しただけだと言います。改良技術の部分の収入は当然J社が貰える筈だということになりました。

　その後、この紛争を解決するために、J社の知財ライセンス担当者の和歌山氏は、シベリアの空を何度も飛んで、ヨーロッパのK社を訪問することになりました。彼にとって、交渉は内容的にも、体力的にもかなりきついものとなりました。しかし、最終的には、K社がJ社に対し、しかるべき分け前を支払うということになりました。K社は、法律上の配慮やJ社との将来のことも考えて妥協したのです。

　さてこの事件には、振り返ってみると色々と反省すべき点がありま

第1編　技術者のためのライセンス交渉の留意点

す。

　覚書をつくるとき、契約専門家のチェックを受けることもなく、いわば素人が、その場の雰囲気に押され、処理してしまったことが、後になって、問題を引き起こしたと言えます。契約専門家が、チェックすれば、GIVEというような言葉は絶対に使わなかったはずです。GIVEという言葉は、物を渡すと言う意味もあれば、物を譲渡すると言う意味もあります。

　そもそも、桜田工場長がボルグ工場長を招き、改良技術を開示する際に、秘密保持契約を締結するべきであったと考えます。そして改良技術の開示DISCLOSEはするが、それを実施希望するときは別途の取り決めによると、書いておけば何も問題は起きなかったはずです。このようなことは、契約担当者なら日頃やっていることですから、なんでもないのですが、専門家に相談しなっかたために、内外に波紋を起こすことになったのです。

　さらに、ライセンシーが改良技術をライセンサーに無償譲渡（ASSIGN BACK）することは、独占禁止法上も問題があり、このような取り決めは禁止されています。

　また、改良技術をライセンス・バックLICENSE BACK（グラント・バックGRANT BACK）するにしても、両社が、同様の義務を負う双務的取り決めであるべきとされています。このような規制を考慮すれば、K社法務部の解釈は、とうてい受け入れられるものではありません。

　ここで念のために申しますと、ASSIGNは譲渡することであり、譲渡を受けた相手方は、譲渡されたものを自由に使用、収益、処分できると考えます。

　LICENSEは、実施許諾する、つまり、「使わせる」ことであり、DIS-

CLOSEは、開示する、つまり、「見せるだけ」ということであります。

　秘密技術（ノウハウ）をライセンスする場合には、その技術を相手方に開示することが必要になります。しかし、開示はするが、ライセンスはしないという場合もあります。技術評価のための開示がこれにあたります。このような場合は、技術情報の開示を受けた者は、その技術の評価はできますが、自ら使用することは出来ません。評価の結果、使用したい場合には、改めてライセンス契約を締結する必要があります。

### 4.2　改良技術グラント・バックの期間

　先の大戦後、我国の主要メーカーが、欧米先進国から技術を導入して、事業を起こすと言う時代が長らく続きました。その当時は、技術者が導入した技術をもとに工場を建設し、スムーズに運転にこぎつけることにより高く評価される時代でした。まるで子供雑誌の付録を組み立てるようなことをして評価されていると嘆いていた技術者も少しはいました。

　しかし、経営者から見れば、大金をはたいて建設した装置が一日も早く稼動して、製品を出していくことに大きな関心を持つのは当然であります。

　このような時代には、改良技術の開発には、なかなか手がまわらず、改良技術についても、技術導入先に引き続きお願いしますと言うのがごく常識的な考え方でありました。したがって、ライセンス契約書での改良技術の交換の期間はできるだけ長くお願いすると言うのが普通でした。

　ところで、独占禁止法上の規制の関係もあり、改良技術をライセンスして貰う場合には、自分の方で完成した改良技術についても技術導入先

にライセンスすると云う契約、つまり双務的な改良技術の交換という形がとられます。しかし、契約の形式は双務的に書かれていても、自分の側で改良研究をしないのですから、事実上は、改良技術を一方的に頂くばかりとなります。それなら、この期間は長ければ長いほどよいということになるのです。

次に、ある事例をもとにして、もう少し考えてみましょう。

我国の技術者も段々と自信を持つ者が出てきました。

日本企業のＪ社では、アメリカのＡ社から石油精製技術導入のための契約交渉をしていました。

アメリカに出張した担当技術者の浜野氏は、Ａ社の設備を見学して、案外、小さな設備だなと感じました。自社で、この方式の設備を建てるならば、Ａ社設備能力の30倍以上の能力のものを建設することになる。設備のスケール・アップ上の問題はないだろうか不安をかかえて帰国しました。

出張報告会では、色々の意見が出ましたが、事業部長はスケール・アップは大丈夫との判断をとりました。

次に、浜野氏は、先方から貰ってきたライセンス契約書ドラフトを検討することになりました。特許部の若手に手助けしてもらいながら契約書を読んでみたところ、改良技術の双務的なクロス・ライセンスの条項があることに気がつきました。

さらに、彼がＡ社で見た設備のおよそ30倍の能力がある設備を建設することを考えてみると、将来、それもあまり遠くない将来、Ｊ社の技術力はＡ社の技術力を凌ぐようになるのではないかと、彼は考えました。そうだとすると、改良技術の交換の期間はＪ社がＡ社に追いつくまでの期間でよいと考えました。それは、どのくらいの期間だろうか。

浜野氏の根回しで、最終的な契約書のなかで、改良技術の交換の期間は、わずか3年となりました。

　問題の契約が調印されて5年後、アメリカのA社は、J社に対して改良技術を導入したいと言ってきました。J社の改良技術は、妥当な対価を貰って技術輸出されました。浜野氏の予想が、見事に当たったのです。

　5年目で、立場が、逆転したことになります。

　このような事例は、あちこちにあるのではないでしょうか。技術の改良だけでなく、契約書の内容についても、たんに前例を踏襲するのではなく、いつも改良を心がけることが大切であります。

# 第9章　ライセンスの対価

## 1. 対価の決定

　ライセンス交渉を進めて行くときに最大の山場となるのが対価の決定です。ライセンシーは、新規な技術をどこまで企業利益につなげて行けるのか、はっきりとは分からないこともあり、なるべく安くと考えます。他方、ライセンサーは、少しでも高くと考えます。

　このような交渉で、よく持ち出される理屈としては、大別すると3つの理屈があります。すなわち、利益基準法、業界相場法および費用基準法の3つです。

　利益基準法は、ライセンシーがライセンスされた技術を使用して事業を行ったときに得られる利益額の4分の1の額を対価とするというもの

です。製品売上高に対する利益率が、仮に20％であると、ライセンス対価はその4分の1の5％にするというものです。

　これは、事業を行うには、技術力の他に人材力、資金力、経営力が必要であるから、利益を4分割しようというものですが、それ程、理論的なものではありません。それが証拠に、利益3分割という理屈もあります。ただ、この考え方ですと、欧米の人達と交渉するときも、ある程度理解されているという利点があります。

　業界相場法は、文字通りライセンス対象技術がその業界で、どのくらいの対価で取引されているかを調べ、これにならうものです。社団法人発明協会から、技術分野毎の実施料のデータを収集し分析したものが、「実施料率」という名前の書物（平成15年、第5版）として出版されていますが、例えば、これを参考とするものが業界相場法の1つです。特許侵害訴訟の判決でも、この「実施料率」がよく顔を出します。

　他に最近のデータを収集したものとしては、知財管理誌52巻、2002年10月号1543頁があります。前述の「実施料率」よりも若干高い数値が出ています。

　次に、費用基準法ですが、これは同じ技術を別途開発する場合、どのくらい掛かるかを計算して、それを基準に対価を決めるものです。その技術を開発した会社がその事業を行わないと決定し、技術を丸ごと売却するときに、この方法が使われることがありますが、普段あまり使われないようです。

　さて、ライセンスの対価は、ライセンシーの実施実績に関係なく決まる一時金と、ライセンシーの実施の実績に応じて額が決まるランニング・ローヤルティの二種類に大別できます。ライセンサーから見ると、

全額を一時金で貰った方が確実ですが、ライセンシーにすればリスクが大きくなります。結局は、一時金とランニング・ローヤルティの組み合わせにすることになるのですが、その割合をどうするか、これはライセンス交渉で両当事者が知恵を絞るところです。

　一時金は、契約の締結のときに金額が確定していますが、必ずしも、一度に支払うものばかりではありません。二度、三度と分割で支払う場合もあります。

　また、一時金の全部もしくは一部を、将来発生するローヤルティ支払いに充当できるとする取り決めもあります。


　ランニング・ローヤルティは、ライセンシーの実施の実績に比例した額を支払うものですから、通常は、料率が決められます。例えば、ライセンス製品正味販売額の３％とするとか、ライセンス製品１台当たり500円とするというように、料率が決められます。

　この料率は、契約期間中、一定とすることもできますが、販売額が一定の額を越えたときには、いくらか低くするというような二段構えの料率を決めるやり方などもあります。ライセンサーとライセンシーの攻防のなかでいろいろな創意工夫が生まれてくるものです。

　次に、対価の決定で考えねばならないことに、契約しようとしている発明の利益に対する寄与率（重要度とも言えます）があります。最近のハイテク製品には、複数の発明が使われておりますので、契約対象となる発明が、それら複数の発明のなかで、どの程度の重要度を占めているのかということを考えることになります。かりに、三分の一の重要度ということになると、対価も三分の一でよいという考え方です。

　また、契約対象となる特許権の権利範囲が広いのか、狭いのかとか、

その特許を回避できるのか、回避困難なのかといったことなども対価に反映されます。

　ここで、一言、「ローヤルティ」という言葉について述べます。日本語で書かれたライセンス関係の書物をみますと、大抵の書物では「ロイヤルティ」という言葉が使われています。しかし、これは日本語でありまして、英語ではないということにご注意願いたいのです。英語のroyaltyを「ロイヤルティ」と発音すると、yを二度発音することになります。どうしても、「ロイ……」と始めたいのなら、「ロイアルティ」とやるべきであります。

## 2．ミニマム・ローヤルティ

　ライセンスが、独占的ライセンスである場合には、ライセンサーがミニマム・ローヤルティを要求することがあります。
　ここで、ミニマム・ローヤルティとは、ライセンシーの売上額の多寡に拘らず、一定期間ごとに最低この額は支払うと約束するローヤルティのことです。ライセンシーは、ローヤルティ計算期間内にミニマム・ローヤルティに相当する売り上げを達成できないときでも、これを支払う義務があります。ライセンサーは、相手の売り上げ額に拘らず、少なくとも、ミニマム・ローヤルティの額は、必ず、受け取れることになります。ローヤルティの最低保証額と考えられます。
　これは、ライセンシーによる対象技術の実施の程度が低いときでも、ライセンサーが一定額のローヤルティ収入を確保するための知恵であります。ライセンサーが独占的ライセンスを許諾した場合、他からの収入

の道がないのですから、あまり高額でなければ規制を受けることもないでしょう。ただ、ライセンシーにとっては、第3章4．で述べたような危険がありますので注意が必要です。

## 3．ローヤルティ・ベース

　ランニング・ローヤルティを採用する場合、簡単に販売額の何パーセントなどと決めることが多いようですが、何の販売額をベースにするのか明確にする必要があります。ベースになる販売額をローヤルティ・ベースといいます。

　ランニング・ローヤルティを決定するときには、同時に、ローヤルティ・ベースを決めなければなりません。例えば、自動車のハンドルの技術がライセンスの対象である場合、仮に、ローヤルティを3％と決めても、ローヤルティ・ベースをハンドルの販売額とするのか、自動車全体の販売額とするのかにより、支払額は大きく違ってくるからです。

　ところで、ライセンスされる特許の特許請求の範囲が、「……からなる自動車」となっているので、形式的には、ローヤルティ・ベースは自動車の販売額とすべきように見えるが、しかし、その特許明細書を詳細に読んでみると、新規の技術はハンドルに関する部分だけということがあります。このようなときには、ローヤルティ・ベースを形式的に自動車とすべきか、それとも、実質に照らしてハンドルとすべきかという問題が生じます。自動車の販売額とすると、支払額が、不当に高くなることもありえますので注意が必要です。

　ただし、現実の取引でハンドル単品で販売することはほとんどなく、その販売額が把握できないために、計算の便宜上、自動車の販売額に通

常よりは低いパーセントを掛けるということなら検討の余地があります。例えば、通常のローヤルティ料率が3％である場合、この3％にハンドルの寄与率（ハンドルの価格／自動車の価格）を掛けて得られる数字を使うのはよいと考えます。

　ライセンス対象物以外のものにライセンス料を課すことは独禁法上も問題がありますので、ライセンサーとしても注意が必要であります。

## 4．貨幣価値の変動

　ランニング・ローヤルティを採用する場合であっても、販売額の何パーセントというのではなく、ライセンス製品1個当たりいくらとか、1リットル当たりいくらという決め方もあります。また、ミニマム・ローヤルティは1年あたりいくらと決めるのが普通です。このように基本の金額を固定した場合、特に契約期間が長い場合には、インフレや貨幣価値の変動により、受け取り額の実質的目減りが起きることがあります。ライセンサーとしてはこれに対応できるような仕掛けを付けておくのが賢明です。例えば、物価指標の比率（支払い年度の物価指標／契約時の物価指標）で対価の額を補正する方法などがあります。この場合、どの国のどの機関が発行する指標を使うのか決めておくことが大切ですが、相手方が入手しにくいものは避けるべきでしょう。

## 5．控除項目

　販売額比例のローヤルティを採用する場合、実際の販売額をそのままローヤルティ・ベースとすることは稀です。インボイスに記載されてい

る販売価格から、輸送費、荷造り費用、販売税と消費税、関税、保険料などを控除したものをローヤルティ・ベースとするのが普通です。

業界や製品により、その他にも控除するのが適当な場合があるようです。例えば、貴金属である金の加工技術の場合には原料金の価格も控除するという話を聞いたことがあります。ライセンスされた技術による付加価値に比べて原料金の価格が高すぎるためと解されます。

## 6．ペイド・アップ

ライセンシーの支払ったローヤルティの合計額が、予め定めた額に達したときには、以後の支払いを免除すると規定することがあります。この場合の予め定めた額をペイド・アップ・ローヤルティといいます。石油精製プラントや化学プラントなどのプラントのライセンスではよく行われます。

また、ライセンシーが、一定期間ローヤルティを支払った場合、例えば、10年間支払った場合、以後はローヤルティを支払うことなくそのプラントを運転してよいと決めることもあります。これもペイド・アップの一種です。

## 7．増　設

将来、最初にライセンスされた製造装置の能力が不足となり、新たな製造装置を増設する必要が生じることがあります。このような場合に、ローヤルティの割引があるのかどうか、はじめに決めておくことがよいでしょう。増設であれば、ライセンサー側の手間が省けると思われます。

ただ、増設時には、前の技術そのままではなくて、改良技術になっていることもありますので、このような場合は、さらに複雑な取り決めをすることが必要になるでしょう。

## 8．所得税

ライセンスの対価について考えるとき、忘れてはならないものとして、所得税があります。取り決めた頭金やローヤルティに所得税が含まれているのか、否か、後になって問題になることがあります。これも、契約締結のときまでに、はっきりさせておかねばなりません。

国によっては、所得税が大変高く、いったん合意したローヤルティを見直さなければならないようなこともあるからです。

それぞれの国の税法や租税条約などは、難解なところがあり、また一定不変という代物でもありませんので、そのつど専門家に確認する必要があります。

## 9．ローヤルティの減額

ライセンス契約の交渉で、ライセンシーにとって大変重要であるが、つい忘れがちなものにローヤルティ減額の規定があります。

ライセンスの対象である特許が無効になった場合、最初に決めたローヤルティをそのまま支払い続けなければならないとすると、これはおかしいと考えるのが普通です。また、ライセンスを受けたノウハウが公知になった場合に、最初に定めたローヤルティをそのまま支払い続けるのも、おかしいと考えるのが普通です。はじめから特許が無効であると

か、ノウハウが公知であることが分っていれば、ライセンス契約を締結しなかったかも知れません。このような事態が発生した場合、単に、ライセンス契約を解約すればすむこともあります。しかし、ライセンス特許が数件あり、無効になったのはその内1件のみということもあれば、ライセンスの契約が特許とノウハウの両方を対象とするハイブリッド・ライセンスというものであることもしばしばあります。したがって、このような事態が発生した場合のローヤルティの減額について取り決めておくべきであります。例えば、特許3件のうち1件が無効になった場合には、ローヤルティ3％を2％に減額するとか、ノウハウが公知になった場合には、ローヤルティを2％減額するとか取り決めるわけです。

　このほかにも、契約の途中でローヤルティの見直しをする場合があります。ライセンサーとライセンシーが一定の技術分野で包括的に特許のクロス・ライセンスをしている場合、5年位たつと、ライセンサーのもつ特許の価値とライセンシーのもつ特許の価値の差が変わってくることがあります。例えば、契約当初のライセンサーの所有する特許の価値がトータルで5であり、ライセンシーの所有する特許の価値はトータルで2であるというような場合、この差額の3を基礎にしてローヤルティを決めるのですが、5年もたつと、ライセンサーの特許の一部が消滅し、トータルとしての価値は3になり、他方、ライセンシーの特許は新しい権利が加わってトータルの価値は3になるというようなことがあります。このようなときには、ローヤルティを見直してゼロにすべきであるという議論も成り立ちます。5年毎にそれぞれの特許ファイルをみてローヤルティの見直しをするという規定が現実に使われています。

　ライセンシーのローヤルティ支払額が一定額を越えたとき、ライセンシーが一定の期間以上ローヤルティを支払ったとき、ローヤルティを減

額することについては、すでに1．と6．で述べましたので、ここでは説明を省略します。

さらに、契約の途中でローヤルティが減額される機会としては、第11章で述べる最恵待遇条項によるものがありますが、これは後述します。

## 10. 出願中特許

一般に特許ライセンスというと特許庁で登録されている特許が対象になるのですが、ときには、出願中の特許がライセンスされることもあります。

これはライセンシー側の申し出によりライセンスされることが多いものです。ライセンシーが特許の公開公報の調査中に、第三者の特許出願を見つけ、これがこのまま特許になってしまうと、将来、自分の事業の障害になるかもしれないと考えた場合、特許出願人に申し出て予め特許ライセンス契約を結ぶというものです。ライセンシー側としては、当然のことながらその特許出願の特許性について専門家の鑑定を受けるなどして、その特許出願が特許される確率を計算してから特許出願人に連絡することになります。特許になる確立が低いときには、何もせずに放っておくこともあります。

特許性は低いが、万一特許になると困るという場合もあります。このような場合には、予めライセンス契約を結ぶにしろ、特許成立までの支払いができるだけ少なくなるような契約をするべきです。これは一種の保険のようなものと考えればよいのです。例えば、ローヤルティを決めるにあたって、特許になるまでは頭金だけ、特許になってからは売り上げの2％といった二段構えの取り決めも考えられます。特許出願が拒絶

され特許にならなかったときには、契約は終了ということにすればよいでしょう。

## 11. ライセンシーの改良

　ライセンサーが製造プラントの技術をライセンスした場合、ローヤルティの支払額はそのプラントでの製造量に比例するのが普通であります。しかし、ライセンシーがそのプラントの改良に取り組み、新たな技術を開発し、その改良技術のおかげでプラントの製造能力が上がることがあります。このような場合、その製造能力の増加部分についてはローヤルティの支払いは不要とするといった取り決めが行われることがあります。このような取り決めは、ライセンシーの改良技術開発の意欲を高める効果があり、ライセンサーにとっても改良技術のグラント・バックで利益を得ることができます。

## 12. 最恵待遇

　ライセンス契約中に最恵待遇規定があるために、これが適用されて、契約期間の途中でローヤルティが下げられることもありますが、これについては第11章で述べます。

# 第10章　対価の支払い方法

## 1．対価の支払い時期

　対価の額が決まると、次は、対価をどのように支払うのか決めなければなりません。

　最初に支払われる頭金とか一時払いと呼ばれるものは契約締結の日から何日以内に払うという例が普通ですが、二回、三回、と分割で支払うこともあります。ライセンス契約の対象がノウハウであり、ライセンシーの方でどの程度のものが貰えるのか不安がある場合には、資料Aを貰ったらいくら、資料Bを貰ったらいくら、資料Cを貰ったらいくらというように分割で支払うこともあります。

　ランニング・ローヤルティの支払いについては、ライセンサーは四半期毎の支払いを好むようですが、ライセンシーは、ローヤルティ報告書の作成など手間がかかるのでできれば半年毎の支払いにしたいということが多いようです。一年毎というのも無いではありません。

## 2．支払い通貨

　ライセンサーとライセンシーの両方が国内に住所を有する国内契約の場合、外国通貨でライセンス料の支払いを行うことはまずありません。しかし、ライセンサーの住所のある国とライセンシーの住所のある国が異なる国際契約の場合には、支払いをどの国の通貨で行うのか決めなけ

ればなりません。支払いを受ける側は、相手当事者の住所のある国の外国為替規制を事前に調査して、外貨の送金が可能かなど確認しておくことが大切です。

### 3．通貨交換

　支払い通貨が決定されれば、ローヤルティ発生通貨を支払い通貨に交換する為替レートを決めなければなりません。どの銀行の、いつの為替レートにするのか決めておく必要があります。

### 4．送金先

　ライセンシーは、ライセンス料をどの銀行のどの口座に送金するのか確認しなければなりません。

### 5．ローヤルティ計算書

　ライセンシーがローヤルティを支払う際には、ローヤルティ計算期間内のライセンス製品販売額を基礎にしてローヤルティ計算を行いますが、その計算書を提出することになります。ライセンサーは、この計算書を見てローヤルティ額が正当かどうか判断するのです。
　ライセンシーとしては、どの程度詳しい計算書をつくり報告するのか考える必要があります。あまり詳しいものだと取引先毎の取引数量や販売単価などの営業秘密が漏れることがあります。特に、ライセンサーや、サブ・ライセンサーが同業者である場合には、注意が必要で、ライ

センシーとしては、営業秘密の漏洩が少なく、しかも、ライセンサーが納得できる程度のものにするための努力が必要です。どちらの側にとっても、予め、ローヤルティ報告書の書式を決めておくのが安全です。

## 6．帳簿検査

ライセンサーにとってライセンシーが正直にローヤルティを支払っているのか気になる場合があります。このような場合に、ライセンサーによるライセンシーの帳簿の検査を行うことができるのか、否か。できる場合には、そのやり方は、どのようにするのかなども決めておくのがよいでしょう。

帳簿検査によって、ライセンシーの顧客名、顧客別販売実績、販売単価、割引率などライセンシーとその顧客の両方の営業上の秘密がライセンサーに分ってしまいます。ライセンシーとして、これは困るということであれば、第三者の公認会計士などに検査させて、結果のみをライセンサーに報告させるなど、検査のやり方を工夫する配慮が必要です。

# 第11章　最恵待遇

## 1．最恵待遇

ライセンス契約における最恵待遇は、複数のライセンシーが存在する場合に、ライセンシー間でライセンス条件に差別をしないという意味で使われます。例えば、ライセンサーがライセンシーAと契約した後に、

ライセンシーBとも契約をし、ライセンシーBの条件の方が有利となったときには、ライセンシーAの条件をライセンシーBと同じ条件に変更する約束と考えてよいでしょう。

したがって、同一国もしくは同一テリトリー内に複数のライセンシーが存在する可能性がある場合に、他のライセンシーに比べて不利な扱いを受けないようにするためにライセンシーの方から最恵待遇を要求します。

ついでながら、最恵待遇とは逆に、後になるほど条件を悪くする事例もあるようです。しかし、同一テリトリー内に複数のライセンシーが存在する場合に、それらのライセンス条件に差別を付けることは、独占禁止法上も問題となることがあります。ライセンサーとしても注意が必要です。

## 2．オプション

さて、最恵待遇を受けるためには、あとのライセンシーの条件がより有利な条件になることが前提となるのですが、どちらの条件が有利なのか一概に言えない場合があります。例えば、ローヤルティのみが1％安くて、その他の条件は全く同じというような単純なケースは現実にはまれであり、その他の条件についても少しずつ異なっており、総合的に見てどちらが有利か決めかねるようなことがよくあります。このような場合に、先に契約したライセンシーが有利な条件だけをつまみ食いすることは勿論できません。先に契約したライセンシーが、後続ライセンシーと同じ条件を全て受けることにするか否か。それは、ライセンシーのオプションとすると決めておくのがよいと考えます。

## 3．通知義務

　最恵待遇条項を設けるときには、ライセンサーが同種のライセンスを他の者と締結したときに、その内容を先のライセンシーに通知する義務を負うことが必要です。さもなければ、先行ライセンシーは、ライセンサーが別のライセンシーと同種の契約を締結したことが分りません。

# 第12章　特許保証

## 1．特許の有効性の保証

　ライセンサーは、ライセンシーからライセンスした特許が無効ではないことを保証するよう求められます。そして、その特許を維持してゆくことも求められます。かりに、ライセンス対象特許に無効の原因があった場合に、このことを知っているのは、ライセンシーよりはライセンサーであります。しかも、ライセンシーは、頭金を支払い、さらにローヤルティも支払うと約束するのですから当然の要求と思われます。
　ところが、この要求に対してあっさりイエスというライセンサーは案外少ないのです。ライセンサーは、イ）これまでこの特許は有効であったとか、ロ）これまでに特許無効の訴えを受けたことはない、ハ）今後もこの特許の維持に最善の努力をするなどと述べるにとどまり、歯切れがよくありません。ライセサーとしては、将来、第三者から無効審判を請求されて負ける可能性がゼロではないとか、そのほか年金納付などの

事務的手続きのミスにより特許を無効にしてしまう可能性もゼロではないといった心配があります。しかも、そのような場合にライセンシーが要求してくるであろう損害賠償のことを考えると、やはりイエスとは言えないのです。

　これまで有効であった。今後も最善の努力をするというのが、ライセンサーとしては限界かもしれません。ライセンシーとしては、事前に、対象特許の先行技術となると思われる特許や文献を徹底的に拾い出し、これらの資料を用いて対象特許の特許性を検討しておくしかないようです。

## ２．特許無効のときの措置

　ライセンシーとしては、ライセンスされた特許が無効になった場合の対応を考えることは当然であります。ライセンスされた特許が複数個あるときには、無効になった特許についてだけ契約を解約することで対応できることがあります。しかし、このように簡単に処理できないこともありますので、特許が無効になった場合にローヤルティを減額することにし、減額のやり方について決めておくことも行われます。

　さらに、特許が無効になったときは、その特許は始めから無かったことになりますので、無効になった特許に抵触するとの理由で過去に支払ったローヤルティについては、その返還を要求することも可能かもしれません。しかし、ライセンサーとしては、一度受け取ったものは理由のいかんを問わず返還しないとすることが多いようです。

　なお、ライセンスの対象が特許だけでなくノウハウもライセンスの対象となっている場合、対象ノウハウが公知になってしまったときにも、

何か、似たような対応をできるように工夫しておくことが合理的でしょう。第三者が自由に使えるものに対価を支払うこともありません。

## 3．非侵害の保証

　ライセンサーが「ライセンシーがライセンスされた技術を実施しても第三者の特許を侵害することはありません」と保証することを非侵害の保証といいます。狭義の特許保証といえばこれをさします。

　ライセンシーの立場で考えると、折角、ライセンスを受け、大金を投じて製造プラントを建設して事業を始めてみると、第三者から特許侵害で訴えられ、プラントの運転が差止められるようなことになると、大変な損害が発生して、場合によっては会社が傾くことになります。たとえプラントの運転差止めは逃れられても、多額の特許料をとられ、そのため事業の採算が採れなくなることもあります。ライセンシーにとり技術を導入して事業を始めるということは大変なリスクを負うことになります。そのため、ライセンシーはライセンサーに対し執拗に非侵害の保証を求めてきます。

　外国企業に対しライセンスを与える契約交渉の場では、しばしば、非侵害の保証は絶対条件であり、政府認可を受けるためにも絶対必要であると主張がされます。しかし、ライセンサーから見ると、お気持ちは大変よく分りますが、やりたくてもできませんということが多いようです。この保証を与えるためには、ライセンシーが製造、販売などを行う予定の全ての国々の関連特許を取り寄せ、詳細に比較検討するという膨大な作業が必要になります。しかも、国によっては、明細書の言語が私たちになじみが無いものであり、正確な翻訳文を入手することすらでき

ないこともあります。更に、明細書の内容が理解できたとしても、侵害するか否かの判定は、裁判所により、また裁判官により異なることがあります。その上、保証を与えた場合、損害賠償金額は受け取った技術料に比べて大変大きな金額になります。このようなことを考えると、ライセンサーとしては、いっそのこと、ライセンスを与えないほうがよいという結論になります。

　完全な意味で特許保証を与えることは、ライセンサーとして不可能なことであると考えられますので、何らかの妥協案を考案することになります。例えば、イ）特定の国に限るとか、ロ）ライセンシー側で収集した特許に限るとか、ハ）損害賠償額はそれまでに受け取った金額を限度とするといったぐいです。しかし、本当に問題が発生した場合、ライセンシー側の損害はとてもこのような限定的な保証でカバーできるものではありません。したがって、ライセンシーとしては対象技術の事前評価をきちんとやりリスクを下げる自助努力をすることが大切になります。オプション契約による事前評価については第6章2.で述べました。

### 4．侵害のときの措置

　なんらかの特許保証の規定を契約に入れるときには、実際に、ライセンシーがライセンスされた特許なりノウハウなりを実施した結果、第三者から特許侵害で訴えられた場合、ライセンサーはどのような補償をするのか決めておくことになります。

　ライセンサーが一切の責任をとるというような話は、これまで聞いたことがありません。このような問題が発生した場合に、ライセンサーが提供できる救済策としては、次のようなものが考えられます。

イ）ライセンサーがそれまでに受け取った金額を限度として損害賠償する。

ロ）ライセンサーが侵害訴訟の原告側とローヤルティについて交渉する。

ハ）特許侵害を回避できるような代替技術を無償で提供する。

ニ）問題の特許に対し特許無効の訴訟をおこす。

## 5．事例・特許保証

特許保証の問題点を以下の事例をみながら考えてみましょう。

### 5.1　ノウハウ・ライセンスにおける特許保証

　日本企業のJ社は、半導体材料の製造技術を技術導入しようとして米国の企業を調査していました。他方、米国のC社もアジアの市場を開拓するため、日本のパートナーを物色していました。ここに、J社とC社の接点ができ、両社は交渉することになりました。

　J社は国内で同種の製品を何年か製造していたのですが、生産性において劣っていたために、先進の技術を導入しようとしたのであります。

　J社の事前の調査によると、C社は、この分野ですでに世界市場の20％以上を占める一流企業でありました。しかし、特許出願の数は少なく、技術の肝心なところはノウハウとして持っているようでありました。

　J社技術者がC社を何度か訪問するうちに、本件技術の最重要部分はどのあたりかということも判ってきました。しかし、その部分は完全なブラック・ボックスであり、契約後でなければ一切話をしないというこ

とでありました。

　あれこれ議論した後に、Ｊ社としては、性能保証と特許保証を取りつければよいのではないかということになりました。性能保証については、両社が納得できる条件が考えだされました。

　しかし、Ｃ社としては特許保証は絶対に出来ないというのです。

　Ｃ社は、長年この事業をやっている。製品も世界中に輸出されている。しかし、これまで何処からも特許訴訟を起こされたことがない。したがって、特許保証は不要であるという。これに対し、そういう状況なら、特許保証をすることは何でもないではないかとＪ社が食い下がる。繰り返し議論の応酬がありましたが、話は一歩も前進しません。

　Ｊ社では議論を持ちかえり、社内で検討しました。Ｊ社の考えている輸出市場はアジア諸国であり、アジアのある国に出願された特許は多分アジア第１の工業国である日本にも特許出願されていると考えられる。従って、日本で特許保証が出来るようであれば、アジアのその他の国でもリスクはないのではないかと言う考え方が社内で承認されました。

　そこで、特許保証を日本だけに限定してもよいという案を持って、Ｊ社知財部の和歌山氏は再び米国に飛びました。Ｃ社では、法務部門トップが、相変わらずノーの返事です。しかし、和歌山氏は、それまでの交渉でかなり信頼関係ができていたＣ社知財部長のフランク氏を夕食に招き、二人だけでこの問題を話し合うことにしました。フランク氏が好きな、よく冷えたカリフォルニアのシャルドネーが２本目になったとき、フランク氏は、日本特許の明細書で関係のありそうなものをＪ社のほうで集めることができるかと質問してきました。

　和歌山氏は、少し考えましたが、イ）Ｊ社で関連技術の日本特許明細書を収集することは不可能ではない、それほど数も多くない、また、

ロ）どうせ日本文では、彼らは読めないから、こちらで翻訳する必要があるだろうなとも考えました。日本特許について特許保証をやるなら、どうせこの作業は誰かがやらなければならない。そういうことなら自社でやるのが一番間違いがない。ここまで考えたところで、お互いに何とはなく眼があい、乾杯をしました。

　二人の間の合意は、「J社が、心配な特許を抽出し、これを英訳してC社に提出する。C社は、J社が提出した特許のみについて鑑定し、特許保証を与える。」というものであります。この案は、両社で承認されました。

　このことがあって、和歌山氏とフランク氏の間の信頼関係はさらに深まり、次のプロジェクトでも役立つことになります。

# 第13章　性能保証

## 1．性能保証

　ライセンスした技術の性能を一定の数値で保証することを性能保証といいます。ライセンスの対象が特許のみであり、ノウハウをライセンスしない場合には、ライセンサーは、ライセンシーが使用する技術そのものについての責任はありません。したがって、このような場合には、ライセンサーが性能保証をすることはありません。

　しかし、ライセンサーが、技術情報やノウハウをライセンスする場合には、ライセンシーが何らかの性能保証を求めるものであります。特に、ライセンサーが製造装置の設計や建設にまで関与した場合には必ず

性能保証の問題がでてきます。ライセンサーとしては、相手の要求を受け入れて性能保証をするのか、しないのか、まず、これを決めなければなりません。

## 2. 性能保証項目

　次に、どのような項目について性能保証するのか、そのさい性能保証値をどのあたりに設定するのか検討することが必要です。製品の品質、製造能力、収率などは技術そのものによるところが大きいので性能保証項目に入れることが普通ですが、プラントの建設費や製造コストなどは経済的要素が入ってきますので保証の対象となることは稀です。

　保証項目が決まった段階で、保証値をどう設定するかという問題に入ります。保証値はライセンス技術そのものの良し悪しを示すものでありますので、ライセンサーの技術者としてはぎりぎりの線を出したいとの誘惑にかられることもあるのですが、自分の工場とは違った環境でやるのですから安全サイドで考えるべきです。このような場合、ベスト・エフォートの目標数値はこの辺だが、保証値はこちらというような二段構えの話になることもあります。

## 3. 試験運転

　性能保証をする場合には完成したプラントが保証値を満足しているかどうかを調べるため試験運転を行うことになります。ライセンサーにとっては重要な仕事であり、試運転の期間、回数、試運転の条件を決定することは慎重に行う必要があります。

先進国のなかでも人種、文化の違いからか物事がスムーズにゆかない国がありますが、これが後進国になると電気、燃料、用水などの供給が思うに任せぬところもあります。電線は来ているが、電圧の変動が著しいということもあるようです。さらに原料の供給が十分でないこともあります。試験運転を実施するための条件を決めるさいには、一度くらいは現地を見ておくほうがよいと思います。

## 4．保証未達

規定通りに試運転を実施した結果、契約で約束した性能保証値が達成できない場合があります。このような事態が発生した場合には、一度くらいはライセンサーがプラントの手直しを指導することが多いようですが、再度の試運転でも保証値が達成できないときには、ライセンサーはライセンシーに対して何らかの救済を行うことになります。どのような救済を行うのか、保証値未達の程度にもよりますが、例えば、収率が１％落ちれば、ローヤルティを10％割り引くというような取り決めがされるようです。この辺りはプラントの経済的性能を考えながら色々と創意工夫する余地があります。

# 第14章　情報の秘密保持

## １．秘密情報の範囲

ライセンサーにとって、ライセンスする技術情報やノウハウは非常に

大切な財産でありますので、ライセンサーは、日頃からこれらの技術情報やノウハウの秘密保持には十分な注意を払っています。万一、これらの技術情報やノウハウが公になると、その後は誰でも自由に使えることになり財産としての価値が激減してしまうからです。

そのような訳で、ノウハウや技術情報のライセンス契約においては、技術情報の秘密保持の項目が重要な項目となります。

ライセンサーとしては、ライセンシーに提供する情報のうち、どれが秘密保持の対象になるのか表示し、ライセンシーに秘密保持義務を課する情報の範囲を決めなければなりません。秘密保持の必要な書類には、マル秘のスタンプを捺すのが普通ですが、何でもかんでも捺すのは考えものです。さして重要でなく、当業者なら誰でも知っているようなものにまでマル秘とやると、みんなこの程度のものかと勘違いされることがあります。

ライセンシーに対し技術資料を提供するときには、資料のサイズにもよりますが、できれば、きちんと製本して渡すのが、その後の管理にも便利です。

## 2．秘密保持除外情報

ライセンサーが提供する情報は貴重な財産であるといっても、その情報が既に公になっていることもあります。また、ライセンサーが提供する以前に、すでにライセンシーのほうで所有していることもあります。このような場合にまでも、ライセンシーに秘密保持の義務を課すことは適当ではありません。そのため、秘密保持の対象から、下記のような情報を除外することが行われます。ライセンシーとしては、注意の必要な

点であります。

　イ）公知の情報

　ロ）以前から所有していた情報

　ハ）第三者から受け取った情報

　ニ）独自に開発した情報

　上記のうちイ）についてはライセンサーの情報開示の前に公知になっているもののほか、事後的に公知になったものも、それ以後、対象になります。ライセンシーの方で情報取り扱いに問題があり、その結果公知になった場合は話は別です。もしもそのようなことがあると、ライセンシーには損害賠償の責任がでてきます。

　ライセンシーが、イ）、ロ）、ハ）、ニ）の主張をするときには、それを証明する証拠をライセンサーに見せる必要があります。なお、ニ）の場合、ライセンサーが納得する証明を出すことはなかなか難しいように思います。

## 3．秘密保持の例外

　ライセンシーとしては、受け取った技術情報やノウハウの秘密保持が大切なことは分るが、受け取った情報を一切秘密にしたのでは、その情報を利用することもできません。そのため、必要最低限の従業員やコントラクターなどには情報開示をしてもよいことにしておきます。ただしその際には、情報開示を受ける従業員などが、ライセンシーが約束したのと同じ程度の秘密保持契約をすることが前提となります。

## ４．他目的使用の禁止

　秘密保持の規定の一番重要な内容は、情報の開示を受けた者に対し、秘密保持の義務を課すことですが、それと同様に重要なものとして、他目的使用の禁止があります。これは、契約で許諾された目的以外に、情報を使うことを禁止するものです。開示された技術情報がライセンスされた範囲以外の用途にも利用できることはよくあることですが、ライセンシーとしてはこの規定を受け入れざるを得ません。この規定のことを流用禁止規定ということもあります。

## ５．秘密保持の期間

　秘密保持の期間は、ライセンサーが対象の技術情報やノウハウを、どの程度の期間にわたり財産として保持したいかということと密接に関係します。ライセンサーとしては永久を希望することもあります。秘密が漏れなければ、いつまでも財産価値を維持できるからです。
　しかし、技術というものはいつかは陳腐化してしまうものです。その技術にもよりますが、10年程度、長くても15年から20年というのが常識的な線ではないでしょうか。特許庁の審査を経て特許として登録されたものでも、出願から20年というしばりがあります。こう言うと、必ずコカ・コーラの例を持ち出す人がいますが、あれは非常に珍しい例ということではないでしょうか。
　ライセンシーとしては、無期限の秘密保持契約を結ぶべきではありません。いくら長くても有限とすべきです。

## 6．特許出願

　秘密保持の規定に関連して、取り扱いに困る問題の一つにライセンシーによる改良技術の特許出願があります。ライセンシーが、ライセンスされた技術をベースにして改良技術を開発し、これを特許出願しようとする場合、その特許明細書にはライセンサーから開示された元の技術を記載しなければ改良技術の説明ができないことがしばしばあります。そして、もし改良技術の特許出願の明細書に元の技術を記載しますと、その明細書はいずれ公開されて、ライセンスされた元の技術情報も一緒に公開されてしまうことになります。そして、これはライセンシーの秘密保持義務違反となります。

　ライセンシーが改良技術の特許出願をしたいと考えるのは無理からぬことですし、さりとて、ライセンサーの秘密情報を公知にしてよいというものでもありません。難しい問題ですが、ライセンシーが知恵を絞って解決策を考えることになります。

## 7．情報の輸出規制

　技術情報の輸出については、1996年秋から武器および武器に転用されるおそれのある汎用品・技術の輸出を規制するためワッセナー・アレンジメントなどが実施されました。私たちは、技術の輸出にあたりこれらの法律上の規制に従わなければなりません。

　アメリカでは、以前からアメリカで生まれた技術情報を、特定の国々に輸出することを禁止しております。アメリカ企業と契約する場合に

は、この規制に従うことになります。このさい、注意しなければならないことは、輸出禁止国のリストの見直しが絶えず行われており、しかもそのリストの入手が外国からは簡単でないということです。

　この関連で、もう一つ注意すべきことは、外国人、例えば、日本人がアメリカで開発した技術情報についてもこの規制が適用されることです。例えば、米国オハイオ州の関係会社に出向して研究活動に従事している日本人社員がした発明もこの規制を受けます。

## 8．事例・秘密保持

　秘密保持の契約は、従来あまり重視されず、ろくに検討もしないで相手側の出した案に同意するケースが多かったのではないでしょうか。しかし、この契約は、企業の経営に大きな影響を与えるものであります。慎重に検討するに値するものであると、私は考えています。以下の事例を見ながら考えてみましょう。

### 8.1　ノウハウと秘密保持

　ブラジルのサンポーロのあるホテルで開かれていたライセンス・セミナーが終わり、カクテル・パーテイでのことです。ブラジル経済省のボルゲス局長は、アメリカ、ヨーロッパ及びアジアから招いた三人の講演者を一隅のテーブルに招きしました。

　彼は、講演者3人に椅子をすすめながら、ブラジルでの技術導入契約の今後の進め方について説明しはじめました。

　ブラジルのボルゲス局長：「ブラジル経済省としては、今後、秘密保持の期間が5年以上の技術導入契約は、原則として認可しない。これま

で、ブラジルは資源国として北側諸国の経済発展に協力してきた。これからは、北側諸国が工業技術の面でブラジルに協力する時が来た。元来、技術は人類共通の財産であり、それを持つものが後進国に教えるのは当たり前である。」

　アメリカのある化学会社のライセンス部長であるローリー氏：「そのような規則が強行されるとすると、ブラジルに対する技術輸出は、今後、大変に難しくなる。われわれの持っている技術は、大変に貴重な技術である。自分の会社は、これまで世界の色々の国に技術輸出してきた。しかし、ブラジルに対して輸出することは困難である。」

　スイスからきたライセンス・コンサルタントのヘルマン氏：「秘密保持の期間が、わずか5年ということでは、陳腐化した技術しか輸出できないのではないか。」

　ボルゲス局長：「われわれは先端技術を導入して我国の経済の発展を図りたいのであり、先端技術の保護については充分に配慮している。導入技術の重要部分は、当然のことながら特許により守られる。秘密保持5年の規則は、特許の対象にならないようなノウハウに適用されるだけである。」

　ローリー氏：「特許の明細書だけで、工場ができる訳ではない。多数の設計図面、フローシート、運転マニュアルなどがあってはじめて工場ができ、運転もできる。製品もできるのである。このような技術情報は企業の宝とも言うべきものである。」

　ボルゲス局長：「日本は第2次大戦の後、目覚しい経済発展を遂げたが、秘密保持の期間について政府の規制はどうなっていたのか？」

　日本のあるメーカーの知的財産部長である和歌山氏：「確かに、日本は先の大戦で完全に破壊され、われわれは焼野原の中から立ち上がって

今日の経済を築いた。われわれは、これまでに先進国から沢山の技術を導入してきた。しかし、そのさい技術導入契約の秘密保持の期間については、政府による規制は何もなかった。秘密保持の期間が明示されていない契約も沢山あるようである。」

ローリー氏：「日本は先進国の技術に敬意を払い、契約を忠実に守ったから、貴重な技術を導入することができたのである。ブラジルもこれを見習うべきである。」

和歌山氏：「日本の企業のなかには、今となっては、秘密保持の期間が無期限の契約をかかえて、その取り扱いに苦慮している企業もある。特許の期間が切れても、ノウハウの秘密保持の期間が切れないものがあるからである。」

ボルゲス局長：「われわれは、そのような問題を未然に防ごうとしているのである。」

ヘルマン氏は、「著作権保護期間と同程度の秘密保持期間を認めるという考え方もある。」

和歌山氏：「秘密保持期間を有限とすることは必要であると考える。しかし、技術内容や技術水準により、適正な秘密保持期間は異なるのではないか。」

ヘルマン氏：「例えば、航空機の機体について考えると、機体についての基本特許はほとんど切れていると思われる。しかし、機体設計には膨大な量のエンジニアリングが必要であり、設計図書は大変貴重なものである。このようなものを秘密保持期間5年で、渡すことはできないだろう。」

ローリー氏：「化学工業にも、大変貴重なものがある。」

和歌山氏：「これまでの人類の歴史を振り返ると、文字、紙、航海術

などさまざまな知識が、秘密保持の取り決め無しで、教えられたように思う。このような人類の歴史を考えると、秘密保持の期間は有限とし、一定の期間後は、人類の共有財産すべきであると考える。」

ヘルマン氏：「誰も、その技術を購入したいと思わなくなる時まで、秘密保持期間を設けるべきである。」

そして、この議論は、アルコールも入り、えんえん夜更けまで続きました。

読者の方々は、この対話をどのように受け取られますか。秘密保持契約の取り扱いはどうやら慎重を要するものらしいということは感じられたのではないでしょうか。

ライセンス契約の中の秘密保持条項であれ、独立の秘密保持契約であれ、これまでは、あまり注意が払われず、簡単に検討されるだけで、相手方の言いなりの条件をのむケースが多かったように思われます。

秘密保持契約の中で規定される重要項目は二つあり、一つは、開示を受けた情報の秘密保持であり、二つ目は、開示を受けた情報の他目的使用の禁止であります。

そのため、秘密保持契約の秘密保持期間の長さが、企業経営に大きな影響を与えるのであります。何故なら、秘密保持契約の期間が過ぎると、情報の開示を受けた者は、原則として、その情報を自由に使用することができ、また、第三者に開示することも自由になるからであります。

したがって、このような事態をできるだけ先に延ばしたいということで、情報開示者側は、秘密保持の期間を少しでも長く設定したいと考えます。開示情報のなかに貴重なものが含まれている場合はなおさらであります。

これに対し、情報開示を受ける側では、開示された情報を制約なく使える時期が早く来ることを希望するため、秘密保持の期間をできる限り短くしたいと希望します。

そこで、前記したような議論や、攻防が行われるのであります。

秘密保持契約の期間が、会社経営にどのように影響を与えるか、さらに、いくつかの事例を見てみましょう。

### 8.2　無期限の秘密保持期間

日本のＫ化学会社は1970年代の初めに、米国のあるＡ化学会社から、ある医薬品中間体の製造装置の技術を導入しようということになりました。日本特許はないとのことで、Ｋ社では、設計図書、建設図書、運転マニュアル等のいわゆるノウハウをＡ社から導入し、それをもとに中間体製造装置を建設しました。

その後、Ｋ社では、その装置を順調に操業してきましたが、15年以上たって、その医薬品中間体の需要をまかなえきれなくなりました。Ｋ化学会社では、装置をさらに一基増設する必要が出てきました。同社では、その装置を長年にわたり運転してきた経験から、あらためて、Ａ社にお願いするまでもなく、自社単独で装置の増設を行なう実力があったので、担当事業部長は、自社で建設することとし、役員会にはかりました。

役員会では、大方の意見としては、その方向でよいということになりましたが、法務担当の役員から、前回技術導入した時の契約書を念のためにチェックするようにとの意見が出ました。

事業部では、15年以上前の契約書を書庫から捜し出すところから仕事が始まりました。やっと見つけ出して、法務部に見せたところ、その契

約の秘密保持条項の有効期間は無期限ということになっていました。さらに、知財部の担当者にも聞いてみましたが、開示を受けた設計図書等の情報が公知になっていないのであるから、秘密保持義務の免除はない。秘密保持契約は現在も有効であるということになりました。

関係部門を集めて会議しましたが、結局、増設する装置について、あらためて、ライセンサーの許可を必要とするという結論になりました。

事業部サイドでは、誰の助けを借りることなく自分で装置を建設し、運転することができるのに、今更、何故、昔のライセンサーの許可が必要なのかと食い下がりました。しかし、当社は契約を守る会社であるという社長の一声で決まってしまいました。

K社ではA社と有償の契約を結び直し、当初の計画から6ヶ月ほど遅れて、2基目の製造装置の建設にこぎつけました。あらたな契約交渉では、対価の額もさることながら、秘密保持の期間をどの程度にするかと云うことに注意が払われたことは、言うまでもありません。

## 8.3 特定的情報の保護

M社のM工場長は、M社がA社から技術導入していた半導体製造装置の管理を任されていました。特に、この装置は、契約上、秘密保持の対象となっているために、この装置に近寄れる人間の数を必要最低限とし、部外者の立ち入りを固く禁じておりました。

M工場長としては、いつも、お荷物を抱えている感じでありました。

ところが、ある日、部下から、問題の半導体製造装置の内容がとある専門誌に掲載されたとの報告を受けました。早速に、その専門誌を取り寄せてみると、装置の内容が図面入りで、かなり詳しく説明されていました。

M工場長は、やれやれと思いました。こうして、問題の半導体製造装置が公知になった以上、秘密保持に気を使うこともなくなった。また、秘密保持義務の対象から外されたのであるから、装置の増設も自由になったと思いました。

　彼は、本社の月例会議に出張したついでに、知財部にも顔を出し、この件について話をしました。

　ところが、知財部長のコメントは、M工場長の望むようなものではありませんでした。

　確かに、問題の半導体製造装置の概要については、公知になってしまった。その限りにおいては、秘密保持の対象から除外される。しかし、装置建設のときに受領した設計図面や、実際の操業条件などは公知にはなっていないのではないかと言う。つまり、現実にある装置の製作図面のような特定的情報については、いまだ、公知にはなっていないし、装置各部品の寸法や形状、材質などもまだ秘密の状態にあると考えられるとも言う意見でした。さらに、ご苦労様ですが、今後も秘密保持には、十分注意をお願い致しますと念をおされました。

　そこで、M工場長は、質問しました。そういうことなら、装置の製作図面が公表されることは、この先も、まず考えられないから、自分たちの秘密保持義務は契約の切れる時まで続くことになるのかと尋ねました。知財部長はそうだと言う。

　M工場長は、がっかりして帰路につきましたが、同時に、知財部長とも、日頃から、もう少しコミュニケーションを良くしておく必要があるなと思いました。

　たとえ、一般的情報が公知になっても、特定的情報（specific information）は、公知になったとはみなされないと云うことに注意する必要が

あります。

## 8.4　秘密保持と特許出願

　K社の研究員Kが同社の知財部担当者の所へ相談に来ました。K研究員の相談というのは下記のようなものでありました。

　K研究員のチームは、自社で操業している排ガス処理装置の改良研究を行なっているが、この度、改良技術を開発した。当然のことながら、特許出願を考えている。しかし、改良技術の説明のためには、明細書のなかに改良前のオリジナル技術についての説明を書く必要がある。ところが、このオリジナルの部分は、3年前に他社から技術導入したものであり、当初技術導入したときの秘密保持義務が課せられている。改良技術の特許出願をすれば、技術導入したオリジナルの部分も公開されてしまい、秘密保持義務違反になると同僚から注意されたと言う。

　知財部担当者の意見も同じ結論であり、オリジナル部分が公知になるまでは特許出願できないと言う。

　ただし、技術導入した相手方に相談し、相手が了解してくれれば特許出願の可能性もでてくると言う。K研究員としては、相手方に改良技術の説明をしなければならないだろう。そうすれば、話だけ聞いて断られた場合には、改良技術を横取りされることにならないかと心配である。さらに、K研究員の説明を聞いた上で、さらにその先の改良を先取りされるかも知れないとの不安もある。

　研究者としては、一件でも多く特許出願したいとも考えている。

　知財部担当者の考えでは、そのような話を相手方にするときは、話の順序というものがあり、最初から、裸になる必要はないと言う。このような話であれば、改良特許を共有にすると持ちかければ、相手も了解す

るのではなかろうか、技術的な詳しい話は、その後ですればよいという。

　研究者Kは、話を研究所に持ちかえって上司とも相談の上、結局、改良技術の特許出願を行はないこととしました。

　このような場面でも秘密保持契約の影響が出てくるのです。

　公開された特許明細書等で既に公知となっている情報を、改良技術の特許明細書に書くのならば、何も問題はおこりません。しかし、秘密保持義務のある、（公知になっていない）情報を明細書に記載しなければならないような場合には、特許出願を諦めるケースもあるのではないでしょうか。このあたりは、具体的な内容で、経験豊富な弁理士に相談すれば、よい知恵をだしてくれるかもしれません。

　以上の事例からも理解されるように、秘密保持契約は、企業の活動を色々の面で制約することに、改めて留意しなければなりません。

# 第15章　不可抗力

　契約当事者の力では予見または支配できない出来事のために、契約の履行が困難になった場合には、そのような事態がなくなるまで、義務の履行が免除されることがあります。そしてこのような出来事を不可抗力と言います。当然といえば当然のことなのですが、相手側と解釈に相違が出ても困りますので、どのような場合にこの規定を適用するのかあらかじめ決めておきます。

## 1．不可抗力の事例

イ）洪水、落雷、地震、暴風
ロ）火災、爆発、疫病、事故
ハ）騒乱、暴動、戦争、ストライキ
ニ）政府規制

# 第16章　契約の譲渡

## 1．契約の譲渡

　契約期間満了前に、ライセンサー若しくは、ライセンシーがライセンス契約を第三者に譲渡する必要が生じることがあります。事前に相手に申し出て、同意を得た場合に契約の譲渡ができることは当然であり、予め決めておく必要はありません。しかし、相手の同意の有無にかかわらず、契約を譲渡する必要があることもあるので、それは、どのような場合か、決めておくわけです。

　通常、挙げられるケースとしては、下記のようなものがあります。
　イ）ライセンスされた製造装置を譲渡する場合
　ロ）過半数の株式を所有する者に譲渡する場合
　ハ）事業全体を継承する者に譲渡する場合
　ニ）契約当事者が他社と合併する場合

# 第17章　契約期間

## １．契約発効日

　契約が発効する日を何時にするのか、契約当事者の社内事情でなるべく早くしたいというようなケースもありますが、通常は、それほど意見の対立する規定ではありません。
　政府認可の必要な場合には、政府認可の日とすることがあります。政府認可が必要ない場合は、両当事者の代表者の調印の終わった日とするのが多いようです。

## ２．契約期間

　特許ライセンスの場合は、対象特許の期間満了日までとするのが普通であります。対象特許が複数個ある場合には、最後に期間満了になる特許の期間満了日までとします。
　技術情報やノウハウがライセンス契約の対象である場合、技術情報やノウハウに期間満了ということはありませんので、技術の進歩を予測して、５年とか10年とか適宜決めることになります。契約終了の規定のないノウハウ契約を見かけることもありますが、問題を将来に残すおそれがあります。

## 3．ライセンサーによる契約の解約

　契約の有効期間は満了していないが、ライセンサーとしては、契約を中途で解約したい場合があります。どのような場合に、契約を解約できるかを予め決めておくことは、ライセンシーにとっては大事なことです。ライセンシーが製造設備をつくり事業を行っているときに、ライセンサーの都合だけで契約を解約されたのでは困るからです。ライセンサーが契約を解約できる理由は、通常、限られたものであり、
　イ）ライセンシーの契約不履行
　ロ）ライセンシーの整理清算
　ハ）ライセンシーの第三者による支配
　ニ）ライセンシーがライセンスされた特許の有効性を争った場合
などです。

　最後にあげたニ）について若干説明します。だいぶ以前のライセンス契約には、不争義務と言い、ライセンシーに対しライセンス特許の有効性を争わない義務を課す規定を見かけたものです。しかしその後、そのような義務をライセンシーに課すことは独占禁止法上問題があるということになり、ライセンス契約に不争義務を入れる例はなくなりました。しかし、ライセンシーが特許の有効性を争ったときには、ライセンサーはこれに対抗して契約を解約してもよいとする規定は認められています。中途半端な規定ですが現状ではこの辺で落ち着いています。

## 4．ライセンシーによる契約の解約

　ライセンシーのほうにも、相手に契約の解約を認めさせなければならない場合がいくつかあります。
　　イ）ライセンサーの契約不履行
　　ロ）対象特許の無効
　　ハ）対象ノウハウの公知
　　ニ）ライセンス技術が不要となる場合
などあります。
　イ）、ロ）およびハ）は原因がライセンサー側にある場合ですが、ニ）のようにライセンシーの都合でライセンス技術が不要となる場合もあります。ライセンス技術が不要となったため、契約を解約する場合には、ライセンサーに事前の通知をするほか、一定の解約金を支払うことが必要な場合もでてくるかも知れません。

## 5．契約終了後の権利と義務

　何らかの理由で契約が終了した場合、契約の全ての規定が直ちに効力を失う訳ではなく、いくつかの規定は生き残ります。技術情報の秘密保持、他目的使用の禁止などの義務は生き残ることになります。
　更に、そのときまでに、ライセンシーがライセンサーに許諾した権利、例えば、改良技術のライセンスなどもそのまま残ることが多いようです。
　ライセンシーとしては、契約終了の時までに製造した製品の販売を契約終了後もできるようにしておくことが必要です。

# 第18章　仲　裁

## 1．仲　裁

　契約当事者間に紛争が生じた場合、その紛争を両当事者が選定した第三者の裁定に委ねることを仲裁といいます。裁判に比べ、早く結論が出る、費用が安い、秘密保持ができるなどの利点があるため、ライセンス契約のなかで、紛争処理の方法として規定されることが多いようです。

　最近は、仲裁といっても色々のやり方がありますので、ある程度、細かく決めておくことが必要です。どのようなやり方で仲裁を受けるのか、そのことが争いになり、それを仲裁にかけるというような話を聞いたことがあります。争う気になれば、争いの種はいくらでもあるということです。

## 2．仲裁地、仲裁人、仲裁規則

　さて、仲裁により紛争を解決することに合意した場合、仲裁地はどこにするのか、仲裁人は何名にするのか、どの仲裁規則によるかなど決める必要があります。

　仲裁地については、自分の国でやれば何かと都合がよいので、最初は、お互いに自分の国を主張します。しかし、力関係からライセンサーの国に決まることもあります。ライセンシーがなかなか同意せず、第三国に決まることもあります。最近よく見るのが、被告のいる国と決める

例であります。仲裁地を被告国とすると、争い事を起こしにくいという効果があるようです。

次に、仲裁人を何名とするか決めねばなりません。契約の当事者が、それぞれ1名の仲裁人を選び、選ばれた2人がさらに1名を選び、合計3名とすることでまとまることが多いようです。しかし、経費節減のために1名でやることもあります。1名の場合には、選任について両当事者の合意が必要となります。

仲裁規則は、古くからあるICC（International Chamber of Commerce, 国際商業会議所、本部パリ）の規則、日米間の場合に使える日米仲裁条約が有名です。

そのほか、知的財産専門の仲裁ということで売り出し中のWIPO（World Intellectual Property Organization, 世界知的所有権機関、本部ジュネーブ）の規則があります。WIPOでは、仲裁のほかにその前段階として位置づけることができるミニ・トライアルにも力を入れはじめています。

# 第 2 編

## ノウハウ管理の留意点

今日、多くの企業は、いわゆるリストラで、乾いた雑巾を絞るような構造改革を行っています。しかし、この中で、新技術、新アイデアの獲得に関心の無くなった企業はなく、むしろ、この厳しい競争環境の中で、生き残りのための技術開発の必要性が再認識されている状況です。

さて、技術開発の成果は、はじめは、全てノウハウの形で生まれます。そして、その中から特許にしたほうが良いと考えられるものが特許出願され、特許庁のしかるべき審査を経て特許権になります。

世間では、これは特許にならないからノウハウとしてとっておく、という表現が使われます。しかし、特許になったものも元はノウハウであり、ノウハウの内、あるものが特許になっていくのです。したがって、貴重なお金を使って得られた技術開発の成果を管理するためには、まず、ノウハウ管理の方法を理解しなければなりません。以下に、ノウハウ管理の留意点を解説します。

# 第1章　ノウハウとは

ノウハウとは何か。まず、その辺りから話を始めます。一昔前の話ですが、「ノウハウ」という言葉がもてはやされ、「恋のノウハウ」という歌がはやったこともありました。ここでは、ノウハウは、「やり方」とか、「秘密のやり方」というような意味で使われていたように思います。これが世間一般の人々が持つイメージでしょう。

「ノウハウ」について、学者や専門家が、色々の定義を提案してくれています。私は、「ノウハウは、技術的、商業的、管理的、財務的若しくはその他の性格を有する秘密の知識や経験であり、企業経営若しくは専

門業務に利用されるもの」というのが良いと考えます。ノウハウは、技術的な知識、経験に限らず、商業的な知識、経験でもよく、その他どのような分野であっても、企業経営や専門業務に利用される知識、経験であり、秘密のもの、というわけです。

　ここで、ノウハウは必ずしも秘密性を要しないという説もありますが、法律で保護を受けるためには、秘密であることが条件となっています。

　技術的ノウハウというのは分るが、商業的ノウハウとはどんなものがあるのかと、疑問をもたれる方もいるかも知れません。例えば、商品の陳列方法があります。日曜日にスーパー・マーケットに出かけられる方は、大抵、入り口付近に、季節の果物が並んでいることに気づいておられると思いますが、これには何か訳があるようです。また、最近は、名簿屋というのがいて、色々な人々の名簿を有料で提供しています。成人式を迎える子弟のいる家庭に、黙っていても、晴れ着のカタログが送られてくるのもこのせいですが、顧客名簿は商業的ノウハウの一つであります。

　さて、ノウハウは、知識とか経験といったものですから、そのもの自体は無体物であり、通常、文書や電子的記録媒体に記録して管理されます。技術的ノウハウの場合であれば、実験報告書、発明明細書、設計図書、製品仕様書、装置運転マニュアル、製品分析方法、など色々な形のものがあります。これらは、相当の費用と年月を費やして獲得されたものです。このような実例をみると、ノウハウは企業にとって貴重な財産であり、その管理は大変重要な業務であることが分ります。

　ノウハウという言葉は、いうまでもなく、英語のKNOW HOWからき

ているのですが、ついでに、KNOW WHYについても触れておきましょう。ノウハウは、こうすればこうなるというように原因と結果を結んだものですが、ノウファイは、こうすればこうなる理由はこういう訳であるというものです。具体例をあげますと、天然鉱石Xから物質Aを抽出するには、90度以下の温度でやると良い、というのがノウハウであり、その理由は、90度以上でやると不純物まで一緒に抽出されてしまうから、というのがノウファイであります。ノウファイもノウハウの裏付けとして貴重な財産価値があります。

　ついでに、一言触れておきたいのが、俗に、ネガテイブ・ノウハウというものです。例えば、研究開発の失敗の記録などですが、それを読めば、同じ失敗を繰り返さず、もっと効率よく開発がやれることになります。このようなネガテイブ・ノウハウも一応財産価値があり、取引の対象になります。

　次に、特許とノウハウの違いを説明しましょう。特許は、特許法という法律により、権利が創設され、これが与えられるもので、特許出願の日から20年を限度として、特許権者が特許発明を独占的に、つまり、他人を排除して自分だけが実施することができる権利であります。これに対し、ノウハウは法律により権利が創設的に与えられるわけではなく、ノウハウを完成したときから、いわば自動的に自分のものになります。さらに、特許のように存続期間というものもありません。そのノウハウが公知になってしまうまでは、法律上一定の保護が与えられ、取引の対象となります。ノウハウの場合は、秘密を守り、公知にしなければ100年でも保護の対象となるのです。ただ、ノウハウは特許のような独占権は

ありません。自分が持っているノウハウと同じノウハウを他人が開発したときには、その他人も並列的にそのノウハウを実施することができます。両者を比較すると次表のようになります。

|  | 特　　許 | ノウハウ |
|---|---|---|
| 権利の発生 | 法律により創設 | 登録不要、自動的 |
| 存続期間 | 出願から20年 | 公知になるまで |
| 独占性 | あり | なし |
| 秘密性 | なし | あり |

　ここで、特許ライセンスとノウハウ・ライセンスの違いを説明しておきましょう。特許というものは、上述のように、他人を排除する独占権であるところに特徴があります。したがって、特許ライセンスを受けるということは、独占権の例外を認めて貰うことになります。通常、特許になった権利の内容は公開され、特許発明自体は公知になっていますので、単純な特許ライセンスの場合は、ライセンサーがライセンシーに発明の内容を説明するということはありません。ただ、独占権の例外を認めると言えばそれでよいのです。
　これに対し、ノウハウ・ライセンスの場合には、ライセンサーがライセンス対象技術をライセンシーに教えることが必要になります。
　特許ライセンスとノウハウ・ライセンスの違いを、自動車の操縦にたとえて説明しますと以下のようになります。特許は自動車のブレーキのようなものであり、ノウハウは自動車のアクセルのようなものであります。ブレーキは自動車の走行を邪魔するものであり、自動車が走るため

には、まず、ブレーキを緩める必要があります。ブレーキを緩めると言うことが、特許ライセンスに相当します。ところで、自動車は、ブレーキを緩めただけでは、走り出しません。走るためには、さらに、アクセルを踏む必要があります。そして、自動車のアクセルを踏むことが、ノウハウ・ライセンスに相当します。

　ライセンシーが、特許発明のライセンスを受けるときには、特許のライセンスとノウハウのライセンスの両方、いわゆる、ハイブリッド・ライセンスを必要とするケースが多いのですが、必ずしもそればかりではありません。特許ライセンスだけで結構です、ノウハウは要りませんという場合もあり、この場合には、ライセンシーが自力でノウハウを開発しているか、別のところからノウハウを入手できると考えられます。特許されていないノウハウのライセンスを受けるときには、特許ライセンスが不要なことは言うまでもありません。

## 第2章　ノウハウの記録

　企業の技術者にとって、ノウハウ管理の第一歩は、それを記録して客観的にとらえられる形とすることであります。原始的には、紙の上に記録するというのがもっともよく使われる方法ですが、最近は、電子的記録媒体も大変普及してきました。フロッピー・ディスクやビデオに記録することも行われます。いずれにしても、ノウハウを管理するには記録することが必要であります。そうしないことには、企業としては、ノウハウの特定もできず、管理することもできません。仮に、発明者が、自分の頭の中に、しっかり入っているから大丈夫、他人に盗まれる心配も

ないといってみても、これでは、企業はそのノウハウを把握することすらできないのです。

ノウハウの記録で留意すべきことは、その記録がほかの人にも理解できるものであることです。これは非常に大切なものであるから、秘密保持の必要上わざわざ分らないように書くという人がいるかも知れませんが、少年雑誌に出てくる宝島の地図のように謎にみちたものでは駄目なのです。企業内の同僚が理解できる程度に記録すべきです。

具体的には、特許明細書のように、目的、構成、効果といったものがきちんと記録されていることが重要です。技術者の中には、特許明細書と聞いただけでしり込みする人もいるかも知れません。特許明細書のなかには、一読難解、再読不可解というような代物もありますが、わざわざ難解に書く必要はありません。むしろ平易に書くことを心がけるべきです。他人に理解されなければ、何の価値もないということです。

ノウハウの記録で、次に大切なことは、作成日を記入することです。そのノウハウが、いつから存在したのかということが、後に問題になるからです。

アメリカに特許出願した場合、アメリカの審査は先発明主義で行われますので、同じ発明が相前後して二つ以上出願されたときには、我こそは、最先の発明者であるということを証明しなければならないのです。先発明を競う手続きのことをインターフェアランスといいますが、最近では、わが国でもインターフェアランス対策にラボ・ノートが使われ始めています。このラボ・ノートには、必ず、日付を記入することになっています。そして、同僚などが、そのことを証明することになっています。

日本国内で、そのような日付に関しての争いが、企業間で発生した場合、相手企業が同僚の証明をすんなりと受け入れるのか、疑問なしとはしません。このような心配があるときには、やや、面倒ではありますが、公証人に日付の証明を依頼する方法があります。公証人役場に、問題の書面を持ち込み、確定日付を貰っておくと、その書面は、確定日付の日に存在したことを、公証人が証明してくれるのです。その日に、その書面が存在したことが証明されれば、そこに記載されていたノウハウも、その日に存在したことが証明されるわけです。

　ノウハウ記録の日付が問題になるのは、アメリカで特許出願するときだけではありません。ある企業が他の企業からノウハウの開示を受けた場合、ノウハウ開示を受けた企業も、それ以前から、同じノウハウを所有していたというようなことがあります。そして、通常、ノウハウを開示する企業は、相手方に対し秘密保持義務を課し、さらに、使うときには、ライセンス料を払わせます。
　しかし、もともと、自社の方でも知っていたノウハウを、相手企業から改めて教えられ、何らかの制約を受けることは馬鹿げています。このような事態は、例えば、技術レベルが似た企業同士が共同研究の話し合いを始めたときや、同業他社から技術導入しようとするときによく起こります。
　このような場合、ノウハウ開示を受けた企業としては、そのノウハウが、元来、自分の方にもあったことを相手方に説明し、証明し、納得させて制約を受けないようにすることが必要です。このようなときに、日付の入ったノウハウ記録が役に立つのです。これを、「先所有」の証明といいます。

「先所有」の証明と似た言葉に、「先使用」の証明というのがあります。これらは別物なのですが、混同される場合もありますので、その違いを説明しておきましょう。

　特許法によると、特許権者はその特許発明の実施を専有する権利を有しています。そのため、特許の特許請求の範囲によってカバーされている発明を特許権者以外の者が実施することはできません。しかし、例外として、その特許の出願日にすでに、その特許でカバーされた発明を実施していた者は、その特許権があってもその特許発明を引き続き実施できる権利があるとする規定があります。これを先使用権といいます。

　したがって、先使用権を証明するためには、先所有の証明のときのように、以前から知っていたというだけでは足りません。さらに、実施していたことを証明することが必要になります。先使用権を証明するためには、製造工程図や操業日誌、納入伝票、入金伝票、官庁届出書写しなどが使われます。先所有の証明の場合よりは書類の数が増えます。

# 第3章　特許化

　これまで、ノウハウ管理の留意点について述べてきましたが、ノウハウを維持管理するためには、それを秘密に保持することが前提条件となるということを述べました。俗な言い方をすれば、秘密保持がノウハウ管理の命であるということです。ところで、わが国の一般企業において、秘密保持はどの程度可能なのでしょうか。私は、かなり悲観的に見ています。

　日本企業には、大抵、稟議制度がありますが、その表紙を見ると、少

なくても10個、多いときには20個くらいのハンコが押されています。そして、この書類を運ぶ人間の数まで入れると、実に多くの人々が企業秘密に接する機会があるわけです。

また、会議のやり方にも問題があります。そもそも、不要な人間が多数出席することを容認する風潮が見られます。さらに、会議資料の枚数を少なくするようにといった運動もあるようですが、資料が少ないと原案が否決される不安があり、つい必要以上の資料を出すこともあります。

さらに、最近のリストラの嵐の中で、勤めている企業を去って別の企業に移って行く人の数が増えておりますし、社内にも、会社に対し不満や恨みを持つ人間が増えてきました。

このような状況の中で、私は、ノウハウに限らず、企業秘密の保持について、大変難しい時代になったと考えております。それでは、どうしたら良いのだ、ということになりますが、特許化する以外にありません。

少し長くなりますが、特許化を避けて失敗した事例を以下に説明しましょう。

アメリカのH社は、当時、ある電子材料の製造では、世界のトップの座にありました。この会社では、製造技術の優秀性からトップの座を占めていたこともあり、そのノウハウ管理には十分な管理体制をひき、重要技術は分割保管し、一人の人間が全体を見渡せないようにするなど、色々と注意していました。

そして、特許出願すれば何らかのノウハウを公にすることにもなると考え、特許出願は、ほとんど、していませんでした。

ところで、このH社が、外国で工場建設をすることになり、その建設現場に派遣された社員の一人Eが、外国の現場から本社の各部門に対し、色々の問い合わせをしたり、図面の送付を依頼したりし、結果的に

H社の重要技術の全てを知ることになってしまいました。その後、Eは H社を退職し、自分が集めた図面や資料を某国のN社に持ち込みました。当時、どうしてもH社並みの製品ができず苦労していたN社の部長がこの話に飛びついたのですが、さすがに用心のため、ダミー会社を二つほど通して問題の技術を買い取りました。その後、N社は急速に技術力を付け、その分野で、一流企業の仲間入りをしました。

　他方、H社はその後、技術情報の管理のやり方を変更し、今では、特許出願を積極的に行っていると聞いています。

　ここで、考えていただきたいことは、ノウハウを盗む目的で入り込んでくる人間から、そのノウハウを守ることは大変難しいということです。特許出願することにより、ノウハウが世間に開示されることになるのですが、やはり特許にしておいた方が上記のような場合にも対応がしやすいといえます。

　特許を出願する場合の知恵としては、特許のクレイムを「物のクレイム」とすることが挙げられます。物のクレイムですと、特許侵害を発見しやすいのです。市販の製品を買い求めてこれを調べることは、その製品の製造法を探り出すことよりはよほど容易なはずです。

## 第4章　ノウハウ開示のやり方

　ノウハウが法によって保護されるためには、そのノウハウが秘密保持されているものでなければなりません。したがって、ノウハウを不用意に他人に開示することは厳に慎むべきです。これがノウハウ管理の基本

的な考え方です。しかし、種々の企業活動のなかで、自社のノウハウを他社の人間に開示しなければならない場面があります。例えば、新製品の売り込み、ユーザーによる工場の認定、設備機器の外注、工場の建設、共同研究、見学など色々の場面が考えられます。

　このような必要上、やむなく他人にノウハウを開示する場合、まず第一に留意することは、その開示の目的を考えて開示するノウハウの範囲を必要最低限の範囲にとどめることです。外科医が手術をしている場面をテレビなどで見る機会がありますが、身体の手術する場所以外はきちんとカバーされています。ノウハウの開示をするときにも、あのような考え方で取り組めば良いのです。そのときどきに、開示の目的をよく考えて、これは要るが、あちらは要らない、といったようによく検討することが大切です。以下に、具体例で説明します。

**新聞発表、学会発表、カタログ配布**
　新製品を開発して新聞記者に発表したり、カタログを一般に配布する場合、研究成果を学会で発表する場合があります。これらの場合には、不特定多数の他人に内容を公表することになりますので、個々に秘密保持契約などを締結することはできません。したがって、このようなときには、内容は必要最少限にするほか、発表内容を事前に特許出願しておくことが大切です。

　これらの中で特に注意が必要なのは、学会発表です。研究者の中には、得意になって、予定していなかったことまで喋ってしまう者がいるのです。また、質問の際でも、質問者がベテランの場合には、壇上の研究者がイエスかノウをいうだけで、大事なノウハウを探り出してしまいます。

　学会発表では、最新の成果を発表するのが建前なのですが、取れたて

の成果を発表するのは大変危険であります。大学の先生の場合は、一刻も早くということがあるのかも知れませんが、企業の研究者の場合には、事前に社内で色々な角度から検討し、特許出願も済ませたものを発表するのが常道といえるのではないでしょうか。ある企業の研究者が、あまり深く検討しないで、新たに発見した化学反応を学会に発表したところ、他の企業に周辺の応用特許を全部取られてしまったというような話もあります。

### 新製品の売り込み

　新製品を開発し、これをユーザーに売り込みをする場合ですが、これは大変です。「お客様は神様」とかで、ユーザーは、色々と無理な注文をつけてきます。秘密保持の契約にサインして下さいとお願いしても、それなら要らないとくるのです。

　新製品の売り込みの際には、技術担当者と営業担当者が組みになって、他社を訪問するケースが多いのですが、営業担当者は目先の手柄をあせり、何でも相手のいうまま技術者に喋らせるということがあり、事前の打ち合わせもどこえやら、すっかり、裸にされて帰ってくることもあります。このほか、工場認定と称して、工場を覗きに来ることもあります。

　このような場合、直接の防衛策は、あまりありません。事前に十分検討して、特許出願を完了しておくことが大切です。特許出願は、何も一件というわけではありません。色々の角度から、何件も出しておくのが安全です。

　さて現実にユーザーを訪問し、新しい製品を説明する際には、当然、口頭説明が中心になるのですが、説明する事項を書面にもしておき、そ

れに添って説明するのが、安全です。こうすることによって、相手にもわかりやすく、しかも、余計なことまで喋らずにすむのです。その上、説明の後で、相手から、その書面のコピーに受領のサインを貰っておけば、あとで、争いが生じたときには、何年何月何日に誰に渡した書面に、これこれしかじかのことが書いてありましたと主張できるのです。

　ユーザーを泥棒扱いするわけではありません。しかし、メーカーから聞き出した情報を自社で特許出願してしまうユーザーが一流会社の中にも結構あるのです。そこまでしない場合でも、競合するメーカーに情報を漏らして、価格競争させるユーザーもあります。

　取引の場で弱い立場にある者が、企業秘密の防衛策に気を配るのは当然といえば、当然であります。

**設備機器や工事の外注**

　製造現場の工程を変更するために、新規な設備機器を外注したり、新製品製造工場のために設備を発注したり、新設備の工事を外注する場合です。

　これらの場合には、外注先と取引契約を結び、こちらから開示した情報について、秘密を守り、こちらの注文に応じるとき以外にはその情報を使用しない旨の約束を取り付けておくことが必要です。さらに、打合せの際、業者に渡した資料については受領書を貰っておくこと、双方からどのような提案がなされたか分るような議事録を作っておく必要があります。

　業者は、一つの会社で成功すると、似たような会社を探して第二、第三の受注につなげようとするものです。この場合も、新しいアイデアが出た段階で、事前に特許出願しておくことが、最大の防衛になります。

### 共同研究の打合せ

　最近は、一社だけで新製品を開発することが難しくなり、同業同士で共同開発に取り組んだり、メーカーとユーザーとが共同開発に取り組むことが多くなっています。このような共同開発や共同研究の可能性について、二つの会社が話し合いをはじめる場合、それら会社間である程度の秘密情報のやり取りが起こります。

　この場合にも、これまで述べてきましたような注意が必要であります。

### 見　学

　地元関係者、業界関係者、学会関係者など色々の人々が、見学にやってきます。それぞれに、色々の関係があり、一概に、見学お断りとは参りません。

　ここでも、秘密保持契約にサインして貰うことが大切ですが、基本的には、こちらが見せたいところを見せ、見せたくないところには案内しないことです。見学者が、付き添いもなく、一人で歩き回ることをさせてはいけません。

　同業者の場合には、計器板をチラッと見ただけでも、色々のことを感づいてしまいます。本当は見学を断るべきですが、やむを得ないときには、こちらも相手の施設を見学させて貰うことです。

### 情報開示を受けるときの注意

　これまで情報開示者の立場で、最低限の開示ということを言ってきましたが、情報開示を受ける側にとっても、余計なものは貰わないほうがよいのです。なぜかといいますと、開示者の方からは、秘密保持その他の色々な条件を課せられ、自分の活動が不当に制約されることが無いと

はいえないのです。

　先日も、こんな話を聞きました。日本の名門企業の役員一行が、新設備を建設するのに、どの型のものが良かろうかということで、ヨーロッパのある会社を見学したのですが、結局、そこには頼まず、自社で建設することにしました。ところが、見学した会社からは、後に、ノウハウを盗用したとして訴えられることになってしまいました。日本企業のほうは、自社の技術でやったというのですが、どちらのいい分が正しいのか、知るよしもありません。はじめから余計な訪問をしなければよかったのです。

　たまに海外出張に出してもらった技術者が、はっきりした目的もなく、いくつかの会社を歴訪し、それぞれのところで何かしら書類にサインさせられた上で、沢山の技術資料を貰ってくることもありますが、こんなことはすこぶる危険であります。当の技術者は沢山のお土産ができたと喜び勇んで帰ってくるのですが、教えられた範囲が広ければ広いほど、こちらの自由度が小さくなると考えるべきです。

# 第5章　秘密保持について

**ノウハウの秘密保持**

　これまでに、ノウハウの財産価値を維持するためには、ノウハウの秘密を保持することが最重要であることを述べましたが、それでは、どのようにして秘密保持を行えば良いのか。以下にそのやり方を述べます。

　イ）まず、最初にやることは、ノウハウを特定することです。これは

ノウハウであるというものを選び、これに秘密であることを表示します。例えば、マル秘の判を押すわけです。マル秘といっても、厳秘、極秘、秘、社外秘など色々のものがあります。それぞれについて、見せても良い人の範囲を決めることが大切です。さらに、できれば、いつまで秘密にするのか、秘密保持の期間を記入しておくと、その後の取り扱いが容易になります。例えば、1999年12月31日まで秘密保持などと、秘密保持の期間を書類の表紙に記載しておくと便利です。

ロ）次に大切なことは、社内の秘密が社外に漏れる場合、強盗とか、窃盗のような形で情報が持ち去られるケースよりも、何らかの形で社内の人間が秘密漏洩に関係するケースの方が多いということです。したがって、社内といえども、必要の無い者にノウハウを教えないことが大切です。ノウハウ漏洩の危険が、ノウハウを知っている者の数に比例することは容易に想像がつきますが、さらに、そのノウハウの価値を本当に理解していない者は、その価値を知る者よりも簡単にノウハウを漏らしてしまうのです。製造装置運転のノウハウを、本社の上層部がうっかり新聞記者にしゃべってしまい、現場が悔しがるようなこともあるようです。

昨今は、リストラの結果、社外に移る者も増えています。前に勤めていた会社の秘密資料をもって、就職活動をするような輩も時々見かけますが、こんな人間は信用できません。新しい会社の秘密資料をもってまた別のところへ移っていくのが落ちです。

秘密資料の管理については、それぞれの秘密資料について管理の責任者を定め、この者が配布先を記録し、会議などで配布した場合には、会議後、特定の者以外からは資料を回収することを習慣づけることです。

資料の回収に抵抗があるときには、スライドを使うのも一つの方法でしょう。

ハ）なお、入社の際の誓約書に業務上知り得た会社の秘密を漏洩しないことを約束させることが重要です。さらに退職時に、退職金支払いの条件として再度、秘密保持契約を締結しておくことも有効であります。

**秘密保持契約の結び方**

一般に、自分の会社から他社に技術情報やノウハウを開示するときには、事前に知的財産部や法務部などに依頼して秘密保持契約の文案を作成しておくことができます。したがって、このような場合には技術者は知的財産部や法務部の指示に従っておれば何も心配することはありません。

しかし、技術者が他社を訪問したときに相手から丁重に秘密保持契約書にサインを求められた場合にどうすればよいのか。このような場合の留意点を説明しましょう。

秘密保持契約で約束することは、通常、次の二つです。
　1）開示を受ける情報を秘密に保持し、第三者に漏洩しないこと、
　2）開示を受ける情報を、予め当事者間で合意した目的以外の目的には使用しないことであり、
　1）を秘密保持の義務、2）を他目的使用禁止の義務といいます。

非常に簡単な内容であり、何も恐れるほどのものではないと思うのですが、ところが、そうではないのです。以下に、順を追って説明します。

まずは始めに気をつけなければならぬことは、**開示情報の範囲の特定**です。

秘密保持契約の対象となる情報は、書面に記載された情報のみならず、口頭で説明を受けたものやスライドで見せられたものも対象になります。さらに工場見学でみたものも対象になります。

　ところで、情報開示する方は範囲をできるだけ広く書いておけば安全なのですが、開示を受ける方は、必要最小限にするほうが、後々制約を受ける範囲が狭くてよいのです。したがって、開示を受ける情報の範囲を明確に記載すること、それも必要最小の範囲とすることが大切です。例えば、ABC工場の亜鉛の精製方法について話を聞きに行った場合には、範囲を「亜鉛の精製方法」と限定すべきであり、「ABC工場」とすべきではありません。さもないと、後になってから、ABC工場の全ての設備について話を聞いたように解されることも起こりえるのです。秘密保持契約が問題になるのは、たいてい何年かしてからですので、明確に記載することが大切です。

　次に、気をつけなければならないことは、**秘密保持の期間**です。古い秘密保持契約の中には期限の定めの無いものがありますが、このような秘密保持契約を締結すると、秘密保持義務などの制約が永久に続くことになります。技術というものは、いつかは陳腐化してしまい要らなくなるから、心配しなくてもよいという人もいるかも知れませんが、私は秘密保持契約には、やはりきちんと期限を入れるべきと考えています。

　それでは、どの位の期間が適当かという疑問が起こります。それは開示される情報の内容、技術の分野、技術の水準、情報の詳しさなどをみて決めることになります。

　具体例でみますと、技術導入の前段階である技術評価のための情報開示であれば、それほど詳しい情報は含まれていませんので、3年から5年といったところでしょう。正式にライセンス契約を締結した場合でも

10年から15年というのが多いようですから、その前の段階では、長くても5年と考えます。

　共同研究の下打ち合わせのときなども、はじめから何もかも、さらけ出す訳ではないので、やはり3年程度が無難でしょう。

　外国企業を訪問しているときなど、言葉がよく分らないとか、旅行日程がつまっているとかの理由で、蛮勇をふるって相手の言いなりになるようなことも無いではないようですが、一つの実例を参考までに述べましょう。

　アメリカの大会社のA社の社長が技術者を引き連れて日本のS社を訪問したときのことです。A社の社長は、旧知のS社の社長と歓談し、その際、翌日S社工場をみせて欲しいと切り出しました。S社社長も旧知のことだからと、その場でOKしたのですが、S社では、知的財産部の方から直ちに秘密保持契約書案をA社社長に提示しました。A社社長は、S社案文をニューヨークの本社に送り、法律顧問のアドバイスを要求しました。その後、S社とA社の間で草案が何度か往復し、実際に、見学が行われたのは5日後となりました。A社の社長は秘密保持契約の重要性をよく知っていたのです。

　秘密保持契約の締結の際、次に注意すべき事柄は、**秘密保持義務の免除**される範囲を決めることです。他社からノウハウなどの技術情報を受け取ってから、その内容を子細に検討してみると、受け取った情報のなかに既に文献などで公知になっている情報や、自社で以前から所有していた情報が含まれていることがあります。公知の情報は、元来、誰もが自由に使用できるものであり、他人の制約を受けるべきものではありません。また、自社が以前より所有していた情報については、事あらため

て、他人から教えてもらう必要はありませんし、何ら制約を受けるべきものではありません。したがって、相手から受け取った情報のなかにこれらのものが含まれているときには、秘密保持義務などの対象から除かれるように取り決めておく必要があるのです。

更に、情報の開示を受けた後に、別の第三者から同じ情報を提供されることもあります。この場合についても、何らかの手当てをしておく必要があります。

少なくとも、イ）公知の情報、ロ）以前から所有していた情報、ハ）第三者から受け取った情報の三つは、秘密保持などの義務から免除されるよう留意すべきです。

これまでに、対象情報が公知であるときには、秘密保持などの義務を負うべきではないと述べました。それでは「公知」とは何ぞやということを説明します。「公知」とは、秘密保持の義務のない者が知っている状態をいいます。つまり、誰に喋ってもよい者が知っている状態を公知というのです。知っている者の数は関係ありません。例えば、その情報を３人の者が知っていただけであっても、この３人がその情報を自由に外部に話せるときは、これは公知ということになります。逆に、1,000人の者が知っていても、それらの者全員が秘密保持義務を負っているときには、その情報は公知とはいえません。

# 第 3 編

## 共同研究の留意点

最近は、多くの会社が減量経営に向かって組織の見直しを行っています。技術開発部門でも、かつての多角化路線は見直しが始まり、研究開発のテーマは、本業の得意分野に集中し、新規分野に向けての研究開発は縮小の傾向が見られます。研究開発に振り向けることができる経営資源が減少に向かっていることに加え、最近の新技術や新製品は高度なものが多く、一社だけの技術力や資金力ではやりこなせないものが増えています。

　このような状況のもとで、開発技術者は自社単独での研究開発をあきらめ、どこかの会社と共同で研究開発を行うことを検討する機会が増えています。そのため開発技術者が、自ら他社と共同研究の交渉を行う機会が増えています。共同研究には、費用面、技術面でのメリットがあります。しかし、情報の流出、得られた成果の持分、ライセンス権等についてのデメリットもあります。ここでは、技術者が共同研究の交渉をする場合に役立つ考え方や留意点について説明します。

## 第1章　共同研究における立場の相違

　共同研究契約を締結し、いよいよこれから始めますというときには、関係者は将来、共同研究が成功し新技術、新製品が誕生することを祈るものです。しかし、成果の取り扱いなどの取り決めに落ち度や、思い違いがありますと、開発に成功したとたん、大変な争いになるケースがあります。そして、かつての良好な関係がすっかり冷却し、敵対関係になる例もあります。したがって、共同研究に入る場合には、関係者はよくよく話し合い、できるだけ詳しい契約書を作っておくべきであります。

共同研究のパートナーの役割に着目すると、水平型共同研究と垂直型共同研究に大別できます。水平型共同研究は、同業者同士が行うもので、例えば、電話部品メーカー同士で新たな半導体部品の開発のための研究、石油化学会社同士の新ポリマーの研究などがこれです。垂直型共同研究は、メーカーとユーザーが行うもので、例えば、電話部品メーカーと電話メーカーが行う新しい電子部品の研究、石油会社と自動車会社が行う新エンジン用潤滑油の研究などがこれに相当します。

　水平型共同研究の場合、パートナーは、もともと同じ種類の製品を製造販売しているのですから、共同研究の結果生まれた新製品についてもお互いに同じように製造販売することになります。お互いの所在地が遠く離れていて、販売先や市場が重ならない場合は争いになりません。

　しかし、製品によっては世界中どこにでも出て行く製品もあり、このような場合は、パートナー間で利害の対立が生じます。わかり切ったことですが、このことは当初から覚悟しなければなりません。市場が重なる場合には、できることならパートナー同士の無駄な競争を避けたいと考え、市場分割になるような取り決めをしようとすることがあります。しかし、市場分割は、通常は独占禁止法などの法律が禁止するところでありまして、どの程度の調整ができるのか微妙な問題があります。

　次に、垂直型共同研究の場合ですが、メーカーは共同研究した新製品を独占的に製造し、共同研究の相手方であるユーザーを手始めに、その他のユーザーにも新製品を供給したいと考えるのが普通です。メーカーは自社だけがその新製品を製造販売し、共同研究の相手方をはじめその他のユーザーも皆それを購入すればよいと言うのが基本的な考え方であります。

　ところが、共同研究相手方のユーザーとしては一社購買はしたくない

と言うのが基本的な考え方であります。安定供給を確保するため、また、価格交渉を有利に行うために、是非とも、複数のメーカーから購入したいと考えるものです。しかも、共同研究でできた新製品を独り占めにし、同業のユーザーに対して出荷することはやらせたくないのです。

要するに、共同研究のパートナーはお互いに、自分の方は独占で、相手の方は非独占としたいと言うことで正反対の立場に立っているのです。共同研究契約の話し合いを始めるときには、このような基本的な立場の相違があるわけでありまして、このあたりのことを率直に話し合い、事前に調整しておく必要があります。

水平型共同研究にしろ、垂直型共同研究にしろ、共同研究成功後の利害調節が大変厳しいものとなることが明らかです。そして、このような利害の調整は、共同研究の入り口ではできても、出口では非常に困難となります。したがって、共同研究契約を結ぶ際には、成功した場合の成果の取り扱いについては、最初から明確にしておくことが大切であります。共同研究が運良く成功した場合、それに関与したパートナーは、それぞれどのような形で開発投資を回収し、さらに利益をあげて行くのか、当初から明確なイメージを作っておくことが是非とも必要であります。

## 第2章　共同研究の相手の選び方

共同研究に失敗すると、誰もその件に付いては話さなくなります。いつとはなく忘れられてしまいます。しかし、不思議なもので共同研究がうまく行くと、騒ぎが起きます。その成果の取り合いや、利用の仕方

で、パートナー間に争いが生じることがあるのです。

したがって、共同研究の相手として誰と組むか、どの企業と組むか、これは大変に重要なことであります。良くない相手と組むと、成果は得られません。また、技術的成果が得られても、その帰属や取り扱いで争いが生じます。

ここで、共同研究の相手候補を評価することが大切になります。企業経営に携わる者の力量は、企画内容を評価する力や、人物を評価をする力によって左右されると考えられますが、まさに、これが要求されるわけです。

しかし、現実には、相手を十分に評価することなく、人間関係が優先されることが、まま、あります。もちろん、人間関係も、非常に重要なファクターですが、これは、あくまでもプラスアルファーと考えるべきではないでしょうか。その前に、もっと大切なことがあります。相手に、

イ）こちらの期待するような技術的能力があるのか、

ロ）共同研究を維持するための経済力があるのか、

ハ）研究担当者は誠実な人物か、

ニ）上の経営者が、その共同研究にどのくらい熱意を持っているのか、

ホ）競合企業との関係はどうか、

など色々と調査し、評価することが必要であります。

また、国際的な共同研究を行う際には、外国パートナーが研究方針をくるくる変えてくることがありますので、これについても、どのような傾向の会社なのか、ある程度さぐりを入れておくことができればと思います。

大型の共同研究を企画する場合には、社内の関係者の意見だけでなく、利害関係のない第三者の、例えば、コンサルタントの意見を聞いて

おくことも、費用はかかりますが、結局、役に立つように思います。

## 第3章 共同研究範囲、業務分担及び研究項目

　共同研究契約書を締結する場合、これから始める共同研究の範囲を決めることが必要となります。研究の期間、研究者の数、研究費用などに関係してくるので、重要な項目であり、契約書の中では始めの方に出てくることが多い項目であります。しかし、現実の打ち合わせでは、始めには決まらず、色々と打ち合わせし、ある程度話が進んだ後に決まるのが常であります。交渉の始めの段階では、仮の範囲を決めておくだけにとどめ、話が煮詰まってから見直すのがよいでしょう。

　メーカー会社とユーザー会社との間で行われる、いわゆる垂直型の共同研究の場合には、メーカー会社が提供する材料や部品の試作品を、ユーザー会社が自社の製品や新製品に適用できるか否か評価するパターンが多いようです。この場合、共同研究の目的が絞られており、共同研究の範囲は比較的簡単に決まります。

　しかし、垂直型の共同研究と言っても、大学と企業とが行う共同研究の場合には、必ずしもそうではありません。以前は、先生方との関係をより重視し、先生方の御希望で何でも出来るように、広めに決めることが多かったようであります。しかし、今後は、大学側もTLO活動が活発になりつつあり、特許にならない研究はしないと公言している大学教授もおられるようであります。企業側も経営が厳しくなり、結果重視の経営と言うことで、色々と変ってきたように思われます。

　同業者同士が行う、いわゆる水平型の共同研究の範囲を決めること

は、その企業が、何を自前主義で開発し、何を共同研究に委ねるかと言う企業の技術開発戦略と密接な関係があります。経営者のなかには、その会社が将来必要とする基本技術に関しては、自前主義を貫くと決めている方々もいます。私も、その考え方に賛成ですが、そのような会社では、将来の会社経営において基本技術になるものなのかどうか、と言う点が議論されることになります。このため、共同研究の範囲を最終的に決定するのに時間がかかり、交渉の場には出てこない会社幹部の発言を契機に、二転三転することがあります。

　また、いったん共同研究を開始しても、契約期間終了前に研究の範囲を変更するとか、規模を縮小するといった話が持ち上がることがあります。


　共同研究の業務分担については、垂直型共同研究の場合には、パートナーのそれぞれが得意とする部分を担当するのが合理的だと考えます。ただ、費用負担との関係で、調整を要する場合があります。

　水平型の共同研究の場合についても、それぞれが持つ研究設備と研究員により決めるのが、現実的ですが、新たに研究施設を建設して、関係する研究者が一緒に共同研究する場合もあります。


　なお、共同研究の具体的目標、研究項目、実施計画、業務分担などの詳細については、契約書の別紙に規定することにし、企画担当者や研究担当者などの討論の中から決めるのがよいと思います。また、共同研究が２年、３年と続く場合には、研究の進捗の具合や、競合企業の動き、市場の変化などにより、この別紙部分に記載した事項を見直して改訂した方がよいことがあります。この部分は、初めからあまり硬直的に考え

ないで、色々の変化に対応できるようにしておくのがよいと思われます。

# 第4章　費用の分担など

　各パートナーが分担した業務に要した費用を、各パートナーが負担すると言うのが、良くある例であります。ただし、一方のパートナーの費用負担額が、他のパートナーの費用負担額に比べて著しく大きくなる場合には、何らかの調整が必要になります。パートナーの一方だけが得をすると言うような計画は長続きしません。

　勿論、費用分担を均等にするために、共同研究に要した総費用を計算し、これを相手方と折半する取り決めをすることも可能です。しかし、このためには、経理ルールを決めたり、既存設備の使用料を計算したりと、経理上の業務が増えることを覚悟しなければなりません。

　共同研究の費用分担そのものではありませんが、共同研究の開始に当たって、一方のパートナーが相手方に対して、一時金を支払う場合があります。水平型の共同研究を行う場合で、一方のパートナーが技術的に先行しているときは、遅れている方のパートナーが、相手から技術指導を受けたり、すでに出願している特許の実施権を受けるための対価として支払います。

　この金額の決定には色々の理屈があります。これまでに相手が要した費用の半分を出しましょうと言う案が、素直なように聞こえますが、過去に要した費用の計算方法も色々ありますし、簡単には行きません。先行している者は、それだけリスクの高い段階から投資しているのである

から、実際に要した費用の2倍を頂きたいなどといった話もあります。また、逆に、貴社単独では続けられないから、パートナーを求めているのでしょう、当社としては別の相手を探しても良いのですなどと、切り返えされる場面もあります。相手の足元を見ながら厳しい交渉が行われるわけですが、将来、共同で何かをやろうとするのですから、ほどほどのところで手を打つべきです。入り口の交渉段階で無理をしすぎると、先々、必要となる信頼関係にひびが入ってしまいます。

## 第5章　報告と施設立入り

　共同研究が、各パートナーの別々の施設で行われる場合には、それぞれが分担した研究の進捗状況を相手方に報告する義務があります。書面による報告と口頭による報告が併用されます。さらに、相手方の研究施設に立入って、具体的な説明を受ける機会を設けるべきです。
　自社が担当した研究の進捗の程度や成果を相手方に報告する場は、討論の場ともなり、技術的に得るところが多いものですが、以後の研究の進め方の修正や見直しを相談する場ともなります。
　共同研究の報告会は、研究の分野にもよりますが、3ヶ月とか6ヶ月の間隔で、会場は交代で設営すると言うのがよいと思います。もっとも、共同研究の参加企業が多い場合には、どこかリーダーとなる企業がいつも世話をするというケースもあります。いずれにしても、共同研究を担当している研究者同士が十分に意見交換できる機会を作ることが、共同研究を成功させるための留意点の一つであります。研究者同士の信頼感が醸成できないときには、共同研究の成果は、まず期待できません。

蛇足ですが、研究というものは、極めて人間的な側面があることに留意しなければなりません。いくら、やれやれと命令しても、命令だけで、成果は出てきません。

　共同研究が一つの場所で行われた場合には、相手方に対する報告は、必要ありませんが、それぞれの会社の幹部に対して研究報告をすることは、当然に必要となるでしょう。そのような研究報告書の作成についてのルールを決めておくことも有益です。

　なお、研究者が相手方の研究設備に立入る場合には、その設備を管理する者が定めた規則や指示に従うべきことは言うまでもありません。秘密保持の必要上、立入り区域の制限がある場合もありますし、研究員の安全上の配慮からの制限もあります。また、相手方企業から派遣されてくる研究者に傷害保険を付けることを、相手方企業に要求する場合もあります。

## 第6章　共同研究成果の帰属

　共同研究の取り決めができて、いざ共同研究を始めてみると、今度は共同研究成果の帰属で争いが生じることがあります。

　共同研究に関連する全ての成果を共有にすると決めておけば、それほどの争いは生じないのですが、共同研究に対する技術的貢献度や資金的貢献度などに相違がある場合にはそうもいきません。例えば、共同研究のパートナーの一社が単独で得た成果は、そのパートナーのみに帰属させることにすると決めることがありますが、このような場合には、共同

研究が始まってから深刻な争いが生じることがあります。この考え方自体は別に悪くはないのですが、運用の面で難しいところがあるのです。

例えば、A社とB社とで共同研究を始めた後、A社の技術者がある研究成果を出し、これは自分が単独で考えついたものであるからA社のみに帰属すると思い込み、A社単独の名義で特許出願してしまうことがあります。他方、B社の技術者は問題の特許出願がA社単独でされていることを特許の公開公報で知り、知的財産部に相談にきて、その成果については自分も関与していると主張するケースがあります。B社の技術者は、何年何月何日の打ち合わせのさい、自分が提出したデータが問題の特許出願に記載されているではないか、と主張するのです。

このような技術者同士の争いが生じると相互不信に陥り共同研究がうまく行かなくなります。予めこのような場合の処理のルールを決めておくことが望ましく、私は、下記のルールを使って裁いています。

(1) A社の技術者とB社の技術者が、同一の場所で一緒に作業を行った結果得られたものは共有とする。

場所は、A社の工場内であっても、B社の研究所内であっても、その場所はどこであってもかまいません。両社の技術者が一緒に討論したり、実験したり、共同で作業をしている場合に適用します。

(2) A社の技術者が、B社から貰ったデータなどの情報を利用して完成したものは共有とする。

(3) B社の技術者が、A社から貰ったデータなどの情報を利用して完成したものは共有とする。

前記の(2)と(3)は、A社の技術者とB社の技術者が別々の場所で作業をしているが、ときどき、出会ってデータなどの情報を交換している場合があてはまります。

先に述べた例のように、いずれかの会社の技術者が、単独の成果であると思い込み単独で特許出願してしまったような場合でも、その特許明細書のなかに相手会社から貰ったデータが記載されている時には、共有に変更するのです。

共同研究の途中で、思い掛けない良い結果が出たりすると、その成果を個人としても会社としても、これを独り占めにしたいという力学が働き、単独所有とするか共有にするかで論争が起きるのを見聞きすることがあります。契約に規定しておけば、それで万全と言うわけではありませんが、相手方の誤解や横車を未然に防ぐため、できるだけ明確なルールを共同研究契約のなかに規定しておくことが大切です。契約書の文例としては、例えば次のようなものがあります。

「本研究を行う過程で、甲、乙が共同して得たすべての成果および甲または乙が相手方から開示された技術情報に基づき得たすべての成果は、甲および乙の共有とし、その持分の割合は、甲、乙均等とする。」

垂直型共同研究の成果の帰属についての争いを防ぐ別の方法は、相手方のそれぞれの分担する業務に応じて成果の帰属を割り切って決めてしまう方法があります。例えば、次のような規定を設けるものです。

「本研究によって得られた成果の帰属は、次の各号に定める通りとする。

 1) Xの組成および製法に係わる成果は甲の単独所有
 2) Xの使用方法に係わる成果は乙の単独所有」

共同研究の成果の取り扱いで、もう一つ注意すべきことがあります。

例えば、A社の技術者とB社の技術者が共同研究の進め方について討論したときに、A社の技術者が話した研究の計画や研究のアイデアをB社の技術者がそのまま頂戴して、単独で研究して単独で特許出願してしまう抜け駆けが起きることがあるのです。このようなことは水平型共同研究の相手方が遠く離れている場合に起こることがあります。

　なお、ここで問題にしているのは研究成果ではなく、これからどのようにして研究して行くのかという研究の筋道に関するアイデアなのですが、これは研究の担当者にとっては重要なものなのです。自分がやろうと思っていたのに、ちょっと話したばかりに、相手に先にやられてしまったということなのです。このような動きが出てくると研究者同士の討論も疑心暗鬼になり共同でやる意味がなくなります。

　このような心配がある場合、「共同研究のそれぞれの当事者は、相手当事者のみに帰属することになった成果を無償で実施できる。」ことにすると、上記のような事態は相当緩和されます。垂直型共同研究の場合には、それぞれが異業種ですから、このような抜け駆けの問題はほとんど起きません。その上、このような規定を設けてもあまり利用価値はありません。しかし、水平型の共同研究の場合には相当の効果があります。ある国際共同研究契約書に、この種の規定を途中から挿入することにし、その後、うまく行った話を聞いています。

　とにかく研究成果の取り扱いについては、共同研究終了時に別途協議すると言うような規定はすべきではありません。このような規定では、必ず、弱肉強食の結果になります。自社の立場が強いと言うことがはっきりとしている場合には、成果の取り扱いについて曖昧にしておく方が有利なこともあるわけですが、二度、三度とだまされる相手もいないの

ではないでしょうか。逆に、自社の立場がそれほど強くなく、共同研究成果の取り扱いについてごまかされそうな予感がするときには、共同研究は共同研究として、共同研究とは別のところで何か利益を上げる工夫をしておくことが賢明であります。

# 第7章　共同研究成果の特許出願

共同研究の成果は共有と言うことが多く、その特許出願も共同名義で行うことが多いと考えられますが、得られた共有の特許権については注意すべき決まりがあります。

先ず、特許法第73条第2項には、「特許権が共有に係わるときは、各共有者は、契約で別段の定めをした場合を除き、他の共有者の同意を得ないでその特許発明の実施をすることができる」旨の規定がありますが、この規定で注意すべき点を以下に例をあげて説明します。

ブレーキ部品メーカーA社と自動車メーカーB社とが新型のブレーキ部品を開発するために垂直型共同研究を行った場合を考えますと、A社が共同研究品のブレーキ部品を製造して、B社がこれを購入して自動車に取り付けるという役割分担を想定することが多いと思われます。しかし、この規定によれば、A社とB社の間に別段の約束が無いときには、B社が自ら共同研究品のブレーキ部品の製造をすることができることになります。共同研究を行ったことから考えて、普通はB社にはそのブレーキ部品を製造する能力はないと思われますが、B社がA社の同業者のC社に下請け製造させることもできるわけです。なお、C社の下請け製造が認められるためには、(次章でも触れますように) 幾つかの条件

を満たさねばなりませんが、できないことではありません。このような事態が生じると、A社は利用されただけということになりかねませんので、事前にB社と何らかの約束をしておくのがよいでしょう。

次に、特許法第73条第3項には、「特許権が共有に係わるときは、各共有者は、他の共有者の同意を得なければ、その特許権について専用実施権を設定し又は他人に通常実施権を許諾することができない」旨の規定があります。この規定に関する注意点を前記と同じ例で説明します。

B社は、大会社であり必要とするブレーキ部品の数が大変な量になり、A社だけにその供給をまかせるには不安がある。また、B社はコスト管理の厳しい会社であり一社購買などは一切認めないと言うような場合、B社は共同研究品の製造をA社と同業のD社にライセンスする必要に迫られることがあります。しかし、この規定によると、A社がそのライセンスに同意しないかぎり、B社はD社にライセンスできないのです。B社としては、A社に何らかの条件を提示して予め同意を取り付けておくのがよいと思われます。

逆に、A社の立場からみるとこの規定が自社の立場を防衛してくれることになります。ただ、相手が強大で横車を押して来ることもありますので、何らかの割り切りが必要なのかも知れません。

なお、共有の特許権がアメリカ特許の場合には、日本特許法のような制約がありませんので、B社はD社に対し自由にライセンスできます。

特許法第73条第3項の関係でもう一つ考えておかなければならない問題があります。前記の例で説明しますと、「新型ブレーキ部品」として特許を共同で取得した場合と、「新型ブレーキ部品を装着した自動車」

として特許を共同で取得した場合とで、A社の自由度が変わってくるのです。「新型ブレーキ部品」として特許が成立した場合、特別の約束がない限り、A社は新型ブレーキ部品を製造してB社の同業者のG社に販売することは可能であります。しかし、特許が「新型ブレーキ部品を装着した自動車」として成立しているときには、A社が新型ブレーキ部品をG社に販売するためには、あらかじめB社の同意を得てG社にライセンスを与えておく必要があります。このような小手先のテクニックにより相手方をごまかすのは感心しませんが、現実にこのようなやり方が、あちこちで横行しておりますので、注意が肝心です。

# 第8章　共同研究成果の実施

　第1章にも書きましたので、ここでは繰り返しませんが、共同研究成果が出てきた段階で、成果の実施について、共同研究パートナーの間の利害の対立が明らかになってきます。

　水平型共同研究の場合は、市場分割につながるような細工をするよりは、初めから市場については、互いに制限なしということを前提にやるのが無難です。

　垂直型共同研究での立場の対立を解決するための一つの妥協案としては、次のような案が考えられます。共同研究終了のときから一定の期間、例えば3年間は、メーカーは共同研究の相手方以外のユーザーには供給しない、ユーザーも共同研究の相手方以外のメーカーからは供給を受けないと約束します。それ以後は、共同研究の相手方に一定のローヤルティを支払うことを条件に、メーカーが相手方以外のものに新製品を

供給したり、ユーザーが相手方以外のものから新製品の供給を受けたりできるとするものです。あまり適切な例ではありませんが、最初の3年間は貞操を守り、その後は浮気料を支払って自由にすると言ったようなものです。

共同研究を行った者が自らその成果を実施しないで、第三者に実施許諾して、その第三者に共同研究の成果を実施させたいこともあります。この場合には、前章に記したような点に留意する必要があります。

相手方の同意が得られず、自社が希望する第三者に実施許諾することができない場合、その第三者を自社の下請であると抗弁するケースも、ときどき、耳にします。しかし、特許法のもとで、下請としての実施と認められるためには、原材料の仕入れ、製品の販売などについても、自ら管理する必要がありますので、注意が必要です。

## 第9章　秘密保持

秘密保持については、これまで色々のところで述べていますので、繰り返しは避けます。

共同研究に関して、相手方から開示され、または知り得た相手方の情報について、一定の期間、秘密保持をすることは当然ですが、共同研究の成果についても秘密保持が必要になることは言うまでもありません。

さらに、ある相手方と、ある共同研究を行っていると言うこと自体も秘密保持の対象にしたいとの提案を受けることがあります。しかし、これは約束しない方が無難です。このような話は、会社の上層部など思い掛けないところから漏れてしまうことがあるものです。

# 第10章　事例・契約の無い共同研究

　これまで共同研究契約を結ぶさいの留意点を述べてきました。しかし、現実の世界では、このような共同研究契約や共同開発契約を最初に締結してから仕事を始めるのではなく、気がついてみたら共同開発的活動を始めていたというケースがよくあります。また、このような活動に参加している技術者がそのことに気がついていないケースもあります。
　このような場合、共同開発の成果配分や特許出願で、一方の当事者が泣かされるケースがあります。以下に事例で考えてみましょう。

　X社は、材料メーカーであり、X社の営業マンは日頃から色々な電器メーカーや自動車メーカーを訪問し自社製品の販売拡大に努力しています。あるときX社営業マンのところにY電器会社からニッケル粉末の引き合いが飛び込んできました。X社営業マンは自社工場の技術者に同行を依頼してY社を訪問しました。Y社では、高性能コンデンサーを開発したいのだが、なかなか希望の特性のニッケル粉末が入手できないというのです。
　X社では、この話を持ちかえり検討してみることにしました。ニッケル関係の技術者が集まり、どのようにすればY社が要求するものをつくれるのか、コストも含めて色々と検討し、いくつかの案がまとまりました。
　X社技術者Aと営業マンは、再び、Y社を訪問し、話し合いの結果、X社が、いくつかの試作品をY社に無償提供することになりました。ま

た、連絡を簡単にするため、今後の試作品提供は、営業マンを介さず、X社の技術者AとY社担当者Bが直接連絡し合うことにしました。

その後、AはBの要求にあわせて、種々の試作品をつくりY社に提供しました。一年半ほどの間、このようなことが続き、最終的に、特定の試作品の正式注文が入りました。まずは目出度しという事になったわけです。

その後、一年ほどは何事も無くすみました。ところが、ある日、X社技術部副部長に付き添われ、AがX社知財部にやってきました。先に試作品提供をしていたY社が試作品の特許出願をしてしまったと言うのです。知財部では初耳のことでしたから、これまでの経緯を聞くことになりました。技術者Aは、Y社担当者Bとは仲良くするのがビジネスのためと考えて、Bから聞かれるままに、試作品ごとに、その製造方法を細かく説明してきたというのです。Aには、秘密保持契約を結んでから話すといった知恵もありません。また、X社営業マンもY社担当者に対してはいたって低姿勢だったようであります。

しかし、Y社が製造方法まで含めて特許を出していたことが分かって、さすがにX社ニッケル事業部でも、これは大変だと云うことに気がつき、知財部に相談に来たのです。

読者のなかには、このような経験を自らされたり、そんな話を身近に聞いたことがあるという方もおられるような気がします。やったり、やられたり、どちらの側かはわかりませんが――。

とかくメーカーの方はユーザーさんに頭が上がらず、このような事態になっても相手方にクレームをつけることさえできぬことがあるようです。

このような事態を未然に防ぐためには、イ）秘密の技術情報を他社に

開示することはなるべく避けることが大切です。ロ）取引上の配慮から、ある程度の情報を開示する必要がある場合には、まず、秘密保持契約の締結をしてからということが、最低限必要であります。ハ）しかし、本当は、技術情報や試作品を他社に提供する前に、自社で特許出願を済ませておくことをお勧めします（この点については、先日お目に掛かったドイツのこの分野で高名な弁護士も全く同意見でありました）。特許出願なんてことは時間もかかり大変だと思う方もおられるでしょうが、知財部の担当者に相談すれば引き受けてくれます。

　本当は、共同研究契約や共同開発契約を事前に締結してから、始めるべきであることは言うまでもありません。

# 参考資料

# 資料 1　特許・ノウハウ ライセンス契約書の例

## ABCプロセス　ライセンス契約

　本契約は、------年------月------日、アメリカ合衆国、------------------------------------------------に登記上の事務所を有するABC（以下「ライセンサー」という）を一方の当事者とし、日本、----------------------------------------------に登記上の事務所を有するJKL社（以下「ライセンシー」という）を他方当事者として、両当事者の間に締結され、以下の事実を証するものである。

　ライセンシーは、日本、--------------------------------------------に石炭液化装置を建設することを希望している、この装置を以後「プラント」と定義する、

　ライセンシーは、「プラント」でABCプロセスを使用することを希望し、「プラント」の運転に「ライセンサー」所有の「技術情報」を使用する非独占的権利を受け、ABCが所有する「特許権」のもとで「プラント」の運転に対し特許免責を受けることを希望しているところ、

　ABCは、以下に述べる条件のもとで、その「技術情報」を使用する非独占的権利を許諾する権利、およびその「特許権」のもとで特許免責を許諾する権利を持っている、

　したがって、本契約書に記載された互いの約束と合意を約因として、

両当事者は以下の通り合意するものとする。

## 第1条　定　義

1・01　「ABCプロセス」とは、--------------------------------------------------を意味する。

1・02　「技術情報」とは、指名された当事者が、「プラント」の「操業開始」から3年以内に、他人に対しライセンスする権利を有すると言う意味で所有もしくは支配する「ABCプロセス」に関する全ての設計データ、原料および製品仕様、プロセス・データ、運転指導、図面、ノウハウおよび技術者の助言を意味する。

1・03　「特許権」とは、「ABCプロセス」または該プロセスのための触媒または装置に関連し、指名された当事者が、「プラント」の「操業開始」から3年以内に他人に対しライセンスする権利を有するという意味で所有または支配する全ての特許および特許出願の全ての特許請求の範囲を意味する。

1・04　「プラント」とは、日本、--------------------------------------------------にある「ライセンシー」工場に建設される設計能力一日当たり石炭処理量5,000トンの能力を有する「ABCプロセス」装置を意味する。

1・05　「子会社」とは、指名された当事者が、取締役選任のための投票権付き株の過半数を所有し、または、直接もしくは間接に支配してい

る会社を意味する。

1・06　「操業開始」とは、「プラント」がはじめて24時間連続で運転されたときを意味する。

## 第2条　ライセンス許諾

2・01　「ライセンサー」は「ライセンシー」に対し、本契約のもとで「ライセンサー」が開示する「技術情報」を「プラント」の設計、建設、運転、改造、維持、修理、取り替えに使用する非独占権、「プラント」で「プロセス」を実施する非独占権、及び「プラント」で製造された製品を世界中で使用し、販売する非独占権を許諾するものとする。これらの許諾された権利は、「プラント」およびその同等の置換物の寿命の間存続するものとする。

2・02　「ライセンサー」は「ライセンシー」に対し、前2・01項で許諾した権利の行使に必要な限度で、ABC「特許権」のもとで非独占ライセンスを許諾するものとする。

2・03　「ライセンシー」は、「ライセンサー」および「ライセンサー」の他のライセンシーに対し、「ライセンシー」の「特許権」のもとで「ABCプロセス」を使用し、その製品を世界中で使用または販売する無償の非独占的権利を許諾するものとする。ただし、他のライセンシーも「ライセンシー」に対し同等の権利を許諾することに同意するものとする。

## 第3条 「ライセンサー」の「技術情報」と援助

3・01　「ライセンサー」は「ライセンシー」またはそれが指名する請負人に対し、「プラント」の詳細設計と機器の発注をできるようにするプロセス・デザイン・パッケージを提供するものとする。「ライセンサー」が提供するプロセス・デザイン・パッケージは、反応搭設計図面、------、------、------、------、------、------を含む。

3・02　「プラント」の設計の期間、「ライセンサー」は、「ライセンサー」の本社で「ライセンシー」または指名された設計請負人の相談を受け、英語版のプロセス設計を審査する。ただし、設計に対する責任はとらないものとし、また設計計算の検算を行わないものとする。

3・03　「ライセンサー」は「ライセンシー」に対し、「プラント」の操業に関する情報、操業開始に関する情報および操業停止に関する情報を提供するものとする。「ライセンシー」の依頼があれば、「ライセンサー」は「ライセンシー」が作成した操業マニュアルの英語版を審査し、その意見を提供するものとする。

3・04　「ライセンサー」は「プラント」の「操業開始」の以前に、「ライセンシー」に対し「プラント」に使用する触媒の供給者名を少なくとも一社教えるものとする。

3・05　「ライセンサー」は、「ライセンシー」の依頼があった場合、「操業開始」の後「性能保証」完了までの間、技術顧問を提供するものとす

る。

　「ライセンサー」は「ライセンシー」に対し、そのような技術顧問の日当、旅費および経費を請求できる。

　3・06　「ライセンシー」は本契約により「ライセンシー」に開示された全ての「技術情報」を秘密に保持し、「ライセンサー」により特に承認された者以外の者には開示しないことに同意する。ただし、前述の「技術情報」を開示しないという義務は、「技術情報」のうち、イ）「ライセンサー」による開示の以前に「ライセンシー」が所有していたもの、ロ) 公知のもの、もしくは「ライセンシー」の不履行によらず公知になったもの、またはハ）「ライセンシー」が第三者から入手したものには適用されない。

　3・07　本契約3・06項の規定にもかかわらず、「ライセンシー」は「プラント」の設計、建設、改造、修理および取り替えに必要な限度において、他社または他人に対し、「ライセンサー」の「技術情報」を開示する権利を有するものとする。ただし、それら他社または他人は開示を受ける前に本契約3・06項と実質的同一内容の秘密保持契約について「ライセンサー」と合意するものとする。

## 第4条　改良技術

　4・01　「ライセンサー」は、本契約によりライセンスされた「技術情報」および「特許権」に関する改良技術であり、「プラント」の「操業開始」から3年以内に「ライセンサー」が獲得したものを、「ライセン

シー」に対し追加の支払い無しで使用させるため開示するものとする。

4・02　「ライセンシー」は、本契約によりライセンスされた「技術情報」および「特許権」に関する改良技術であり、「プラント」の「操業開始」から3年以内に「ライセンシー」が獲得したものを、「ライセンサー」および「ライセンシー」と同種の義務を負うことを約束した他のライセンシーに対し追加の支払い無しで使用させるため開示するものとする。

### 第5条　ローヤルティ

5・01　「ライセンサー」による「技術情報」および「プラント」技術援助の提供ならびに、本契約のもとで「ABCプロセス」を実施するための権利およびライセンスの対価として、「ライセンシー」は、五百万米国ドル（US＄5,000,000）の一時金を「ライセンサー」に支払うことに同意する。この一時金は、下記の支払い予定にしたがって、4等分して支払われるものとする。

　1）契約締結後30日以内に第1回分
　2）「プラント」建設完了後30日以内に第2回分
　3）第2回支払いから1年後に第3回分
　4）第3回支払いから半年後に第4回分

5・02　「ライセンシー」は「ライセンサー」に対し、5・01に規定された一時金の完全支払いの後に、1年当たり百八十万トン（1,800,000トン）以上の原料石炭を処理した場合、別紙1に記載された計算式にしたがって追加のローヤルティを支払うものとする。

5・03　「ライセンシー」は「プラント」に供給された原料石炭の種類と量の真実かつ正確な記録を維持し、本契約によるローヤルティ計算を可能にするものとする。

5・04　「ライセンシー」は、第5条の規定にしたがって「ライセンサー」に支払われるローヤルティから日本政府により課せられる税を控除する権利を有する。ただし、「ライセンシー」は、日米租税条約にしたがって「ライセンサー」が米国で支払う税の減額を受けられるように、そのような控除した税の受領書をすみやかに「ライセンサー」に送付するものとする。

## 第6条　責任限度

6・01　本契約により「ライセンサー」により「ライセンシー」に許諾されるライセンスには、「ライセンサー」所有の特許の有効性または範囲に関し何の保証も伴わない。

さらに、「ABCプロセス」により製造された製品の使用または販売が、いずれかの国で第三者が所有する特許のクレイムを侵害するとの申し立てにより「ライセンシー」が支払う費用に対しても「ライセンサー」は責任はないものとする。

6・02　本契約上の「ライセンサー」の最大責任は、「ライセンシー」が「ライセンサー」に支払ったローヤルティの2分の1を越えないものとする。

6・03　「ライセンサー」は6・02項に規定された以外、本契約により行った作業およびサービスから生じる全ての間接損害、または損失、損害賠償、申し立てまたは要求に対して責任はないものとする。

第7条　最恵ライセンス

7・01　本契約の発効日以後、本契約の期間中に、「ライセンサー」が日本国内の第三者に対し、「ABCプロセス」の実施のため「ライセンサー」の「技術情報」を使用するためのライセンスを、本契約におけるよりも低いローヤルティで許諾した場合には、「ライセンサー」は、そのことを速やかに「ライセンシー」に通知するものとする。「ライセンシー」は、あとの契約に規定されたその他の異なる条件を受け入れることを条件に、以後、その低いローヤルティを支払うことを選択できるものとする。ただし、「ライセンシー」は、すでに支払ったローヤルティの返還を求めることはできない。

第8条　契約終結

8・01　本契約のいずれかの当事者が本契約の義務を60日を越えて不履行を犯した場合、他の当事者は不履行のある当事者に対し、その不履行を指摘した通知書面を出すものとする。その通知書から30日以内に、不履行のある当事者がその不履行を直さない場合には、他の当事者は、その後10日の予告で本契約を終結する権利を有するものとする。

8・02　前8・01項により早期に終結されない限り、本契約は発効日から

10年間効力を有するものとする。

 8・03 本契約はいずれかの当事者の破産により終結する。

 8・04 本契約の終結は、下記の事項に影響を与えないものとする。
 イ）「ライセンシー」が支払い済みのライセンスを取得している限度内において、「ライセンシー」が「ABCプロセス」を実施する権利。
 ロ）「ライセンシー」が「ライセンサー」およびそのライセンシーに対し本契約2・03の規定により、それまでに許諾したライセンス。
 ハ）いずれかの当事者が本契約4・01項または4・02項によりそれまでに獲得した改良技術に関する権利。
 ニ）その時までに生じている「ライセンシー」のローヤルティ支払い義務。
 ホ）本契約3・06項および3・07項に規定された「ライセンサー」の「技術情報」の「ライセンシー」による開示および使用に関する制限。

## 第9条　権利放棄と修正

 9・01 両当事者は、本契約が当事者間の全ての合意を含んでおり、同一の主題に関する当事者間の全てのこれまでの合意に取って代わることに同意する。いずれの当事者も、それが書面にされ両当事者によりサインされていない限り、その代理人または使用人のいかなる合意、約束または保証にも拘束されないものとする。

 本契約のいずれかの条項の不履行についてのいずれかの当事者による

権利放棄は、その条項の将来の不履行についての権利放棄、またはその条項そのものの権利放棄と解されないものとする。

## 第10条　契約の解釈

10・1　カリフォルニア州をこの契約の作成の場所とすること、および本契約の条項の解釈に関する全ての疑問はカリフォルニア州法にしたがい解釈されるものとし各当事者はこれに拘束されることが合意された。
　本契約の英語版を正本とする。

## 第11条　仲　裁

11・01　本契約の解釈、意味または効力に関し両当事者間に生じたあらゆる紛争、意見の相違、または問題であり、かつ本契約の一方、または両方の当事者により決定されるべきことが明示されていないものは、WIPO仲裁規則により一名の仲裁人によりジュネーブにおいて行われる仲裁に付託するものとする。

## 第12条　合衆国輸出規則

12・01　「ライセンサー」は特定の技術データの合衆国からの輸出を規制する合衆国商務省の輸出規則に拘束されている。本契約の当事者は、「ライセンシー」がこれらの輸出規則に従うことを保証したときのみ、「ライセンサー」は技術データを「ライセンシー」に提供できることを認識する。

12・02　「ライセンシー」は「ライセンサー」に対し、「ライセンサー」から受け取った未公表技術データおよびそれら技術データの直接製品を合衆国商務省輸出規則に定義された国グループＹ、ＷまたはＺ向けに、直接的または間接的に輸出しないことを保証する。

12・03　上記12・02項で用いられた「製品」は、「技術情報」を用いて直接的に作られる機械、装置、プラント　プロセスまたはサービスを意味し、そのような機械、装置、プラント　プロセスまたはサービスによりつくられる商品を意味するものではない。

## 第13条　不可抗力

13・01　「ライセンシー」または「ライセンサー」による本契約の義務の不履行または省略は、それらが「ライセンシー」または「ライセンサー」の支配不可能な原因により生じたものである場合は、本契約の違反とはみなされず、何らの責任を生じさせない。本契約で、下記のものは当事者の支配不可能なものとみなされるが、これらに限定されるものではない。

　　自然現象、火事、嵐、洪水、地震、事故、戦争、反乱、騒乱、ストライキ、労働争議、政府もしくは政府機関の行為もしくは不作為。

## 第14章　契約譲渡

14・01　本契約は、各当事者の利益のため効力を生じ、かつ各当事者を拘束するものであり、本契約の主題に関する当事者の全事業の実質的

承継人に対し譲渡できる。各当事者は、それ以外の場合、相手方の文書による事前の承認無しでは契約を譲渡できない。

## 第15条　通　知

15・01　別途通知される場合を除き、本契約の通知、報告、ローヤルティ送金などのための両当事者の住所は下記の通りである。

　　　　　ABC
　　　　　-------------------------------------------
　　　　　-------------------------------------------
　　　　　-------------------------------------------
　　　　　JKL
　　　　　-------------------------------------------
　　　　　-------------------------------------------
　　　　　-------------------------------------------

## 第16条　発　効

16・01　本契約は、本契約書の冒頭に記載した日に発効する。

上記の事実を証するため、本契約の両当事者は、冒頭に記載した年月日に本契約に調印せしめた。

(署　名)　_____

ABCのために


(署　名)　_____

JKLのために

## 資料2　特許ライセンス契約書の例

　本契約は、1996年------月------日、日本、------------------------------------------に登記上の事務所を有するJJJ株式会社（以下「ライセンサー」という。）を一方の当事者とし、アメリカ、------------------------------------に登記上の事務所を有するAAA（以下「ライセンシー」という。）を他方当事者として、両当事者の間で締結され、以下の事実を証するものである。

　ライセンサーは、本契約添付第1表に記載された特許の所有者であり、これら特許についてライセンスを許諾する権利を有している。
　ライセンシーは、特定の製品の製造ならびに当該製品の世界中での使用および販売を行うため、上記特許のライセンスを受けることを希望している。
　ライセンサーは、以下に定める条件に基づいて、ライセンスを許諾する準備ができている。
　よって両当事者は以下のとおり合意する。

第1条　定義

　イ）「ライセンス特許」とは、本契約添付第1表に記載された特許ならびに特許出願およびかかる出願により付与される特許を意味する。
　ロ）「本件製品」とは、太陽電池であって、いずれかのライセンス特

許の1個または複数個の特許請求の範囲に包含されるものであるか、または、その製造もしくは使用が当該発明を利用するものを意味する。

ハ)「正味販売価格」とは、実際の請求価格から、(若しあれば)販売税、購入税、付加価値税またはこれに類する租税、包装費、運賃、保険料、関税および割引額を差し引いた額を意味する。

ニ)「独占テリトリー」とは、アメリカ合衆国を意味する。

ホ)「非独占テリトリー」とは、日本を意味する。

ヘ)「契約年度」とは、かかる年度の1年目は本契約の発効日から1996年12月31日までの期間、またそれ以後の契約年度は、1997年12月31日および翌年以降の同日に終了する12カ月を意味する。

## 第2条 ライセンス許諾

1) ライセンサーは、ライセンス特許に基づきライセンシーに対し以下のライセンスを許諾する。
  イ) 独占テリトリーにおいて本件製品を製造する独占的ライセンス
  ロ) 非独占テリトリーにおいて本件製品を製造する非独占的ライセンス
  ハ) 全世界で本件製品を使用および販売する非独占的ライセンス

2) ライセンシーは、本契約に基づきライセンスを許諾されている範囲内で、第三者に対し、サブ・ライセンスを許諾することができる。サブ・ライセンシーによる本契約により許諾された権利の行使はすべて、ライセンシーによる当該権利の行使とみなすものとする。

### 第3条　最善努力

ライセンシーは、本件製品の市場を開拓するために最善の努力をするものとする。

### 第4条　契約期間

本契約は、本契約第11条第1）項の規定により効力を生じるものとし、本契約第9条の規定により早期に終了しない限り、ライセンス特許のなかで一番後で期間満了になる特許の期間満了の日に満了するものとする。

### 第5条　ライセンスの対価

1）本契約により許諾されるライセンスの対価として、ライセンシーはライセンサーに対し、本契約発効の日から30日以内に、10,000,000円を支払うものとし、さらに以下に規定するローヤルティを支払うものとする。
2）ライセンシーは、本契約発効後に使用され、販売され、リースされ、またはその他の方法により処分された本件製品について、以下に規定する通りライセンサーに対して支払いを行うものとする。
　イ）ローヤルティの支払額累計が30,000,000円までは、正味販売価格の3％のローヤルティ
　ロ）上記金額を超えた後には、正味販売価格の2％のローヤルティ
3）ライセンシーは、ライセンサーに対し、以下のミニマム・ローヤ

ルティを以下に定める方法により支払うものとする。

イ）第3契約年度については、10,000,000円

ロ）第4契約年度については、12,000,000円

ハ）第5契約年度以降の各契約年度については、15,000,000円

　本契約第5条第2）項の規定により計算される実際に稼得されるローヤルティが、上記のミニマム・ローヤルティを下回る場合には、ライセンシーはライセンサーに対し、該当する契約年度の最後の6カ月に実際に稼得されたローヤルティの支払期日に、当該契約年度において支払われる合計ローヤルティが上記のミニマム・ローヤルティとなるように補うために必要な追加金額を支払うことを選択できる。

　実際に稼得されたローヤルティが上記ミニマム・ローヤルティを下回り、かつライセンシーが上記のミニマム・ローヤルティとなるよう補うために必要な追加金額を支払うことを選択しない場合には、ライセンサーは当該契約年度の最後の6カ月間に稼得されたローヤルティの受領日から60日以内に書面による通知をすることにより、本契約第2条第1）項イ）に規定された独占的許諾を当該通知の日から非独占許諾に変更する権利を有する。

4）本件製品は、引き渡され、代金請求され、リースされ、または、これについて支払いがなされたときのいずれかのうち、最先のときに、販売され、リースされ、その他の方法で処分されたとみなされるものとし、またライセンシーが最初に使用したときに使用されたとみなされるものとする。

## 第6条　ローヤルティの支払い方法

1 ）本契約第5条第2項に基づき支払われるローヤルティは、毎年6月30日及び12月31日で終了する6カ月間の期間について支払われるものとし、またかかる期間終了後30日以内に支払われるものとする。

2 ）ライセンシーは、上記各期間終了後30日以内にライセンシーに対して、当該期間に、使用され、リースされ、販売されまたはその他の方法で処分された本件製品の詳細およびこれらについて支払われるべきローヤルティを示す計算書を提出するものとする。

3 ）ライセンシーは、本件製品の使用、販売、リースおよび処分、ならびにローヤルティとして支払うべき金額に関するすべての事項を示した適切な会計帳簿または記録ならびに関係書類を保存するものとする。ライセンシーはライセンサーがその適法に任命された代理人によって、合理的なあらゆるときに、かかる帳簿、記録または関係書類を調査し、またこれらのコピーをとることを認めるものとする。

4 ）ライセンシーは、本契約の満了日または終了日から30日以内に、前の6カ月の期間の終了日から契約満了日または終了日までの期間について支払われるべきローヤルティの計算書をライセンサーに提出し、支払いを行うものとする。ライセンシーが製造したが、契約満了日または終了日までに、販売、使用、リース、その他の方法による処分が行われていない本件製品について、当該本件製品が上記日の前日に販売されたものとして、ローヤルティが支払われるものとする。

5 ）本契約にしたがってライセンサーに支払われるべき金額は、円に

より支払うものとする。円以外の通貨で行われるライセンシーの取引のローヤルティについては、ローヤルティ計算期間である6カ月の最終営業日のウォール・ストリート・ジャーナルに発表される円と当該通貨のクロス交換レートで円に換算されるものとする。

　アメリカ合衆国がライセンシーに対し、租税、関税、または輸入税の控除または源泉徴収を求める場合には、ライセンシーは、ライセンサーに対して、ライセンサーが日本において納税義務控除を受けることができるように十分な様式で控除または源泉徴収された租税、関税、または輸入税の額を証明するすべての書類、および証明書を提供するものとする。

6）ライセンシーは、ライセンサーに対し、ライセンシーが支払うべきでありかつ未払いのすべての金額につき、日本銀行の基本貸付利率を4％上回る延滞利息を支払うものとする。上記利息は、当該金額の支払期日から、ライセンサーがこれを受領する日までの期間につき支払われるものとする。

7）本条2）において規定されたローヤルティ計算書は、ライセンサーが別途通知した場合のほかは、下記の住所に送付されるものとする。

　JJJ株式会社知的財産部
　日本、東京都、--------------------------
　-----------------------------------------

8）ライセンシーは、日本東京にあるライセンサー指定の銀行口座に電信送金により支払いをするものとする。

### 第7条　保証など

1）本契約のいかなる規定も、以下の事項を意味するものと解釈されてはならない。

　イ）ライセンサーによる特許の維持、特許出願の遂行もしくは維持、または第三者による特許侵害についてのライセンサーによる当該第三者に対する訴訟の提起。

　ロ）ライセンサーによるライセンス特許の有効性もしくは権利範囲についての保証または表明。

　ハ）本件製品の製造、使用、販売、リースまたはその他の処分が第三者の特許その他の知的所有権を侵害しない旨のライセンサーによる保証または表明。

　ニ）第三者の特許その他の権利の侵害を主張する訴訟または請求に対しライセンシーを防御するライセンサーの義務。

　ホ）ライセンシーに対し、ライセンサーの名称、商号、または商標の使用権を許諾するライセンサーの義務。

　ヘ）本契約に基づいてライセンシーに対し明示的に許諾された権利以外の権利のライセンシーに対する黙示、禁反言その他の形による許諾。

2）いずれかのライセンス特許またはその特許請求の範囲の無効または失効が宣言された場合に、ライセンシーは本契約に基づき支払われたいかなる金額の返却を求める権利も持たない。

3）ライセンシーは、第三者によるライセンス特許の侵害に気づいた場合、ただちにライセンサーに対しかかる侵害の詳細を書面で通知するものとする。ライセンサーがライセンス特許を侵害したとされ

る者に対し訴訟手続きを開始する場合には、ライセンシーは、ライセンサーに対して可能かつ合理的な範囲で援助を提供する。

4）本契約期間中に独占テリトリーのいずれかのライセンス特許の侵害が生じた場合には、ライセンシーは、ライセンサーの書面による事前の同意を得ることを条件に、かかる侵害について自己の費用負担で訴訟手続きをとる権利を有するものとする。

5）本契約に定めるいかなる規定も、特許出願の発明明細書または特許請求の範囲を修正し、限定しもしくは変更し、または特許出願を放棄するライセンサーの権利を制限するものではない。ライセンシーは、かかる修正、制限、変更または放棄を理由としては、ライセンサーに対していかなる請求をすることもできないものとする。

## 第8条　ライセンスの表示

　ライセンシーは、本契約のもとで製造される本件製品およびその包装容器に、本件製品がライセンサーからのライセンスに基づき製造されている旨の表示ならびにライセンス特許の表示を付するものとする。

## 第9条　契約の終了

1）ライセンシーが本契約に基づいて支払うべき金額の支払いについて60日を越えて延滞を生じている場合、またはライセンシーが本契約に定める義務その他に違反した場合には、ライセンサーは、ライセンシーに対して主張する不履行または違反を記載した契約終了についての60日前の書面による通知を行うことにより本契約を終了さ

せる権利を有するものとする。ただし、ライセンシーがかかる60日の期間内に違反または不履行を是正する場合には、通知はいかなる効力をも生じることなく、本契約は引き続き拘束力を有するものとする。

2）ライセンシーについて以下の事態が生じた場合には、ライセンサーは書面による通知によって本契約を直ちに終了できる。

イ）清算を開始した場合

ロ）自己の資産について財産管理人が任命された場合

ハ）ライセンシーの50％を超える議決権付き株式が、ライセンサーが承認しない法人または個人もしくは個人の共同企業体により取得されかつ保有される場合

3）連続する3契約年度にわたり、ライセンシーがローヤルティおよびローヤルティと合計して当該契約年度に支払われるべきミニマム・ローヤルティとするための本契約第5条第3）項に基づく追加金を支払っていない場合には、ライセンサーは30日前の書面通知により本契約を終了できる。

4）ライセンシーは、第2契約年度の終了後、ライセンサーに対する6カ月前の書面通知により、いずれかの契約年度の最終日に本契約を終了する権利を有する。ライセンシーは、この権利行使の対価として契約を終了する契約年度の次の契約年度に支払うべきであったミニマム・ローヤルティをライセンサーに支払うものとする。

5）本契約の終了は、本契約のいずれかの規定に基づいて、いずれかの当事者に対してかかる契約終了の前に生じていたいかなる権利をも侵害するものではない。

6）本契約の終了は、かかる終了の日までに支払うべきものとされた

が未払いのローヤルティその他の金銭の支払い義務からライセンシーを解放するものではない。
7）本契約の終了は、本契約に基づいて許諾されたサブ・ライセンスを終了する。

## 第10条　紛争処理

1）本契約の日本語版を正本とし、かつ日本法を準拠法とする。
2）本契約の解釈、効力その他に関する両当事者間に発生した意見の相違および紛争は、被告（被請求人）が登記上の事務所を有する国において、日米仲裁条約の規定により3名の仲裁人により行われる仲裁に付するものとする。

## 第11条　発　効

本契約は、両当事者の調印が完了した日に発効する。

上記の事実を証するため、本契約の両当事者は、本契約に調印せしめた。


-------------------------------------------

JJJ株式会社のために


-------------年-------------月------------日

----------------------------------------------

　　ＡＡＡのために


------------年------------月------------日

# 資料3　共同研究契約書の例

　河上株式会社（以下「甲」という。）と河下株式会社（以下「乙」という。）とは、新しい小型ポンプの開発のための共同研究および共同研究成果の取り扱い等について、次のとおり契約する。

## 第1条　研究の範囲

　甲および乙は、次条以下に定めるところにより、新しい小型ポンプ（以下「ポンプ」という。）の開発のための研究（以下「本研究」という。）を共同して実施するものとする。

## 第2条　業務分担

　本研究における甲および乙の分担業務は、次の各号にあげるとおりとする。
　1）甲の分担業務
　　　「ポンプ」に使用するニッケル合金の組成、合金製造法、合金素材製造法の研究
　2）乙の分担業務
　　　甲から提供されたニッケル合金素材加工法の研究、「ポンプ」の試作と評価

第3条　研究項目等

　本研究の研究目標、研究項目、実施計画、分担業務の詳細は、本書末尾添付別紙に記載するとおりとする。

第4条　費用負担

　甲および乙は、前条の規定によりそれぞれが担当した業務に要した費用を負担するものとする。ただし、著しく費用を要する場合の負担については、甲、乙別途協議して決めることができるものとする。

第5条　施設立入り

　甲および乙がそれぞれ本研究遂行のため相手方の研究施設等への研究担当者の立ち入りを希望した場合は、相手方は、その必要と認めた範囲に限りこれに応じるものとする。
　２．甲および乙は、前項に基づき研究担当者を相手方の研究施設等へ立ち入らせる場合は、研究担当者に相手方研究施設等の諸規則および指示を遵守させるものとする。

第6条　報　告

　甲および乙は、相手方に対し、それぞれが分担する本研究の進捗状況を毎月書面により報告するものとする。

## 第7条　成果の帰属

　本研究を行う過程で、甲の研究担当者と乙の研究担当者が共同して得たすべての成果、および甲の研究担当者または乙の研究担当者が相手方から開示された技術情報に基づき得たすべての成果（以下集合的に「本成果」という。）は、甲および乙の共有とし、その持分割合は、甲、乙均等とする。

　２．甲の研究担当者または乙の研究担当者が単独でなし得たことが明らかな成果は、甲、乙協議の上、甲または乙の単独所有とすることができる。

## 第8条　知的所有権

　本成果に係わる知的所有権の出願（以下「本出願」という。）は、甲および乙の共同名義により行うものとする。

　２．本出願および本出願に基づき得られる知的所有権の維持保全に関する手続きは、当該出願の筆頭発明者の所属する甲または乙が行い、相手方はこれら手続きに要する資料を提出するなど必要な協力を行うものとする。

　３．前項の手続きに要する費用は、甲、乙均等に負担するものとする。

## 第9条　成果の実施

　甲は、本研究終了後２年間、本研究により開発されたニッケル合金（以下「新合金」という。）を第三者に「ポンプ」用としては供給しないも

のとし、また、乙は甲以外から供給を受けないものとする。ただし、甲から乙への「新合金」の供給条件については、甲、乙別途協議して定める。

　２．甲は、前項の期間経過後、「新合金」を「ポンプ」用として第三者に供給する場合、乙に対しては優先的に「新合金」を供給するよう努力するものとする。

　３．乙は、前項の期間経過後、「新合金」を「ポンプ」用として第三者からも購入する場合、甲から優先的に購入するよう努力するものとする。

第10条　第三者への実施許諾

　甲および乙は、それぞれ本成果について第三者に通常実施権を許諾することができる。ただし、事前にその実施許諾の条件について相手方と協議して定めるものとする。

第11条　第三者との共同研究の禁止

　甲および乙は、相手方の同意なくして、本研究と同一の研究を第三者と共同実施し、または第三者に委託し、もしくは第三者から受託してはならない。

第12条　秘密保持および流用禁止

　甲および乙は、本研究の内容、本研究に関し相手方から開示され、もしくは知り得た相手方所有の情報および本成果を、相手方の書面による事前の承諾なしに第三者に開示し、または使用させてはならない。

2．甲および乙は、本研究に関して相手方から開示され、または知り得た相手方所有の情報を、相手方の書面による事前の承諾なしに本研究以外の目的に使用してはならない。

3．前二項の規定は、次の各号にあげる情報については、これを適用しない。

　1）公知の情報
　2）相手方から開示され、または知り得た以前から所有していた情報
　3）相手方から開示され、または知り得た後正当な権限を有する第三者から取得した情報

## 第13条　有効期間

本契約の有効期間は、本契約締結の日から2年間とする。ただし、期間満了に際し、甲、乙協議してこの期間を延長することができるものとする。

2．前項の定めにかかわらず、第8条および第10条の規定については、前項に基づく期間満了の日から6年を経過した日、または本成果にかかわる知的所有権の消滅の日のいずれか遅い日まで、それぞれ引き続き効力を有するものとする。

3．本条第1項の定めにかかわらず、第9条および第12条の規定については、本条第1項に基づく期間満了の日から6年を経過した日まで、それぞれ引き続き効力を有するものとする。

本契約の証として本書2通を作成し、甲、乙各その1通を保有する。

------年------月------日

甲　河上株式会社

　　------------------------------------------------
　　------------------------------------------------


乙　河下株式会社

　　------------------------------------------------
　　------------------------------------------------

参考資料

# 資料4　秘密保持契約書の例

　本契約は、2000年　　月　　日、------------------------------------------------に登記上の事務所を有するAAA株式会社（以下AAAという。）を一方の当事者とし、------------------------------------------に登記上の事務所を有するBBB株式会社（以下BBBという。）を他方当事者として、両当事者の間で締結され、以下の事実を証するものである。

　AAAは、特許された/または特許されていない----------------------------------------------に関する技術、情報、ノウハウ、フローシート、図面、データ、計算結果および報告書（これらを一括して「秘密情報」と呼ぶ。）を所有しており、AAAは秘密情報をBBBに対し本契約書の条件で開示する権利を有することを保証する。

　BBBは、秘密情報を評価するために受領することを希望し、AAAはBBBに対しそのような目的だけのために秘密情報を進んで開示する。

　よって両当事者は以下のとおり合意する。


1．AAAはBBBの求めに応じ、AAAがBBBの前記評価に必要と考える秘密情報をBBBに開示することに同意する。

2．BBBは本契約のもとで開示された秘密情報に関し、本契約の発効日から5年間の期間にわたり、BBBは、
　(1)　秘密情報を安全な場所に保管し、それを秘密に保持し、いかなる

第三者にも漏洩しない。さらに、

(2) 秘密情報を前述の評価を実施するためだけに使用し、AAAの書面による事前の許可なしには、いかなる発明、改良または開発にも使用しない。

3．AAAは本契約の前記第2章の規定は以下の情報には適用しないものとすることに同意する。

(1) 本契約によりBBBに開示のときに公知である情報、または、事後的にBBBの過失によらずに公知となった情報。

(2) 本契約による開示のときにBBBが所有しており、かつ以前に秘密保持義務のもとでAAAから直接または間接に取得したものでない情報。

(3) 本契約による開示の後に、法律上の所有権を有しBBBに対してそれを秘密にさせる必要のない第三者から受領した情報。

4．BBBは本契約の期間中その従業員を本契約の秘密保持と用途制限規定に従わせるために適切な処置をとることを保証し、その従業員に秘密情報を前記の目的以外に使用させないことに同意する。

5．本契約は日本法を準拠法とする。本契約の変更、改訂または延長は両当事者の合意によるものとする。

上記事実を証するために、本契約の両当事者は、冒頭に記載した年月日に本契約を調印せしめた。

参考資料

AAAのために

署名　_____


BBBのために

署名　_____

# 資料5　技術者のためのライセンス交渉の留意点
## 〔チェック・リスト〕

### 第1章　契約当事者

- ＊　相手当事者
  - 住所＿＿＿＿＿＿＿＿＿＿＿＿＿＿＿
  - 氏名、名称＿＿＿＿＿＿＿＿＿＿＿＿＿
  - 代表者名＿＿＿＿＿＿＿＿＿＿＿＿＿＿
- ＊　法人格＿＿＿＿＿＿＿＿＿＿＿＿＿＿＿＿
- ＊　特許登録原簿の閲覧＿＿＿＿＿＿＿＿＿＿
- ＊　共有者の有無＿＿＿＿＿＿＿＿＿＿＿＿＿
- ＊　専用実施権設定の有無＿＿＿＿＿＿＿＿＿
- ＊　ライセンサーの保証＿＿＿＿＿＿＿＿＿＿
- ＊　ライセンシーの資金力＿＿＿＿＿＿＿＿＿
- ＊　ライセンシーの技術力＿＿＿＿＿＿＿＿＿
- ＊　ライセンシーの市場＿＿＿＿＿＿＿＿＿＿

### 第2章　ライセンスの対象物

- ＊　特許権
  - 国名と番号＿＿＿＿＿＿＿＿＿＿＿＿＿
  - 発明の名称＿＿＿＿＿＿＿＿＿＿＿＿＿
  - 発明者の氏名＿＿＿＿＿＿＿＿＿＿＿＿

* 将来取得される特許を含めるか、何年先までか＿＿＿＿＿＿＿
* 技術情報、ノウハウの特定

　　　　プロセスの定義＿＿＿＿＿＿＿＿＿＿＿＿＿＿＿＿＿＿
　　　　＿＿＿＿＿＿＿＿＿＿＿＿＿＿＿＿＿＿＿＿＿＿＿＿＿
　　　　＿＿＿＿＿＿＿＿＿＿＿＿＿＿＿＿＿＿＿＿＿＿＿＿＿
　　　　製品の定義＿＿＿＿＿＿＿＿＿＿＿＿＿＿＿＿＿＿＿＿
　　　　＿＿＿＿＿＿＿＿＿＿＿＿＿＿＿＿＿＿＿＿＿＿＿＿＿
　　　　＿＿＿＿＿＿＿＿＿＿＿＿＿＿＿＿＿＿＿＿＿＿＿＿＿

* 技術情報、ノウハウの事前評価＿＿＿＿＿＿＿＿＿＿＿＿＿

## 第3章　ライセンスされる権利の内容

* 製造権＿＿＿＿＿＿＿＿＿＿＿＿＿＿＿＿＿＿＿＿＿＿＿＿
* 使用権＿＿＿＿＿＿＿＿＿＿＿＿＿＿＿＿＿＿＿＿＿＿＿＿
* 販売権＿＿＿＿＿＿＿＿＿＿＿＿＿＿＿＿＿＿＿＿＿＿＿＿
* 他人に製造させる権利＿＿＿＿＿＿＿＿＿＿＿＿＿＿＿＿
* 商標使用権＿＿＿＿＿＿＿＿＿＿＿＿＿＿＿＿＿＿＿＿＿
* 特許免責の有無、その範囲＿＿＿＿＿＿＿＿＿＿＿＿＿＿
* 独占権か非独占権か＿＿＿＿＿＿＿＿＿＿＿＿＿＿＿＿＿
* ライセンサー自身の実施権の有無＿＿＿＿＿＿＿＿＿＿＿
* 独占実施権の非独占実施権への変更、その条件＿＿＿＿＿
　＿＿＿＿＿＿＿＿＿＿＿＿＿＿＿＿＿＿＿＿＿＿＿＿＿＿＿
* 将来の能力引き上げの条件＿＿＿＿＿＿＿＿＿＿＿＿＿＿

## 第4章　実施権の制限

* 用途制限＿＿＿＿＿＿＿＿＿＿＿＿＿＿＿＿＿＿＿＿＿＿＿＿＿
* 製造地域の範囲＿＿＿＿＿＿＿＿＿＿＿＿＿＿＿＿＿＿＿＿＿
* 使用地域の範囲＿＿＿＿＿＿＿＿＿＿＿＿＿＿＿＿＿＿＿＿＿
* 販売地域の範囲＿＿＿＿＿＿＿＿＿＿＿＿＿＿＿＿＿＿＿＿＿
* 能力制限＿＿＿＿＿＿＿＿＿＿＿＿＿＿＿＿＿＿＿＿＿＿＿＿

## 第5章　サブライセンス

* サブライセンス権の有無＿＿＿＿＿＿＿＿＿＿＿＿＿＿＿＿＿
* サブライセンスできる範囲（誰でも？、関係会社？）＿＿＿＿＿＿＿＿＿＿＿＿＿＿＿＿＿＿＿＿＿＿＿＿＿＿＿＿＿＿＿
* サブライセンスの条件＿＿＿＿＿＿＿＿＿＿＿＿＿＿＿＿＿＿

## 第6章　技術情報の開示

* 発明記録書＿＿＿＿＿＿＿＿＿＿＿＿＿＿＿＿＿＿＿＿＿＿＿
* 実験報告書＿＿＿＿＿＿＿＿＿＿＿＿＿＿＿＿＿＿＿＿＿＿＿
* 開発記録＿＿＿＿＿＿＿＿＿＿＿＿＿＿＿＿＿＿＿＿＿＿＿＿
* パイロット・プラント設計図＿＿＿＿＿＿＿＿＿＿＿＿＿＿＿
* パイロット・プラント運転マニュアル＿＿＿＿＿＿＿＿＿＿＿
* プロセス・フローシート＿＿＿＿＿＿＿＿＿＿＿＿＿＿＿＿＿
* 商業プラント・プロセス設計図＿＿＿＿＿＿＿＿＿＿＿＿＿＿
* 基本設計＿＿＿＿＿＿＿＿＿＿＿＿＿＿＿＿＿＿＿＿＿＿＿＿

参考資料

* 詳細設計_____
* 装置設計および製作図面_____
* 装置据え付け方法_____
* プラント運転マニュアル_____
* 品質管理基準_____
* 組成表_____
* 分析方法_____
* 測定方法_____
* サンプル_____
* モデル_____
* 工具_____
* 部品_____
* ビデオ_____
* オプション契約_____
* 継続的開示の有無、期間_____

## 第7章　設計、建設、試運転

* 設計_____
* 図面チェック_____
* 工場建設_____
* 工場立ち上げ_____
* 教育訓練
    人数_____
    場所_____

　　　　期間＿＿＿＿＿＿＿＿＿＿＿＿＿＿＿＿＿＿＿＿＿＿

　　　　回数＿＿＿＿＿＿＿＿＿＿＿＿＿＿＿＿＿＿＿＿＿＿

　　　　用語＿＿＿＿＿＿＿＿＿＿＿＿＿＿＿＿＿＿＿＿＿＿

　　　　費用負担＿＿＿＿＿＿＿＿＿＿＿＿＿＿＿＿＿＿＿＿

　　　　保険＿＿＿＿＿＿＿＿＿＿＿＿＿＿＿＿＿＿＿＿＿＿

＊　スタッフ派遣

　　　　人数＿＿＿＿＿＿＿＿＿＿＿＿＿＿＿＿＿＿＿＿＿＿

　　　　期間＿＿＿＿＿＿＿＿＿＿＿＿＿＿＿＿＿＿＿＿＿＿

　　　　回数＿＿＿＿＿＿＿＿＿＿＿＿＿＿＿＿＿＿＿＿＿＿

　　　　用語＿＿＿＿＿＿＿＿＿＿＿＿＿＿＿＿＿＿＿＿＿＿

　　　　日当＿＿＿＿＿＿＿＿＿＿＿＿＿＿＿＿＿＿＿＿＿＿

　　　　経費＿＿＿＿＿＿＿＿＿＿＿＿＿＿＿＿＿＿＿＿＿＿

　　　　旅費＿＿＿＿＿＿＿＿＿＿＿＿＿＿＿＿＿＿＿＿＿＿

　　　　保険＿＿＿＿＿＿＿＿＿＿＿＿＿＿＿＿＿＿＿＿＿＿

## 第8章　改良技術のライセンス

　　＊　改良技術のライセンス、期間＿＿＿＿＿＿＿＿＿＿＿＿＿

　　＊　改良技術の定義＿＿＿＿＿＿＿＿＿＿＿＿＿＿＿＿＿＿＿
　　　　＿＿＿＿＿＿＿＿＿＿＿＿＿＿＿＿＿＿＿＿＿＿＿＿＿＿

　　＊　グラント・バック、期間＿＿＿＿＿＿＿＿＿＿＿＿＿＿＿

## 第9章　ライセンスの対価

　　＊　一時金の額＿＿＿＿＿＿＿＿＿＿＿＿＿＿＿＿＿＿＿＿＿

* ランニング・ローヤルティの料率＿＿＿＿＿＿＿＿＿＿＿＿＿
* ミニマム・ローヤルティの額＿＿＿＿＿＿＿＿＿＿＿＿＿＿
* ローヤルティ・ベース＿＿＿＿＿＿＿＿＿＿＿＿＿＿＿＿＿
　　　　　　　　　　　＿＿＿＿＿＿＿＿＿＿＿＿＿＿＿＿＿
* 貨幣価値の変動、物価指数＿＿＿＿＿＿＿＿＿＿＿＿＿＿＿
* 控除項目
　　　　　輸送費＿＿＿＿＿＿＿＿＿＿＿＿＿＿＿＿＿＿＿＿
　　　　　荷造り費＿＿＿＿＿＿＿＿＿＿＿＿＿＿＿＿＿＿＿
　　　　　販売税＿＿＿＿＿＿＿＿＿＿＿＿＿＿＿＿＿＿＿＿
　　　　　関税＿＿＿＿＿＿＿＿＿＿＿＿＿＿＿＿＿＿＿＿＿
　　　　　保険料＿＿＿＿＿＿＿＿＿＿＿＿＿＿＿＿＿＿＿＿
* ペイド・アップ＿＿＿＿＿＿＿＿＿＿＿＿＿＿＿＿＿＿＿＿
* 増設＿＿＿＿＿＿＿＿＿＿＿＿＿＿＿＿＿＿＿＿＿＿＿＿＿
* 所得税＿＿＿＿＿＿＿＿＿＿＿＿＿＿＿＿＿＿＿＿＿＿＿＿
* ローヤルティの減額
　　　　　特許無効のとき＿＿＿＿＿＿＿＿＿＿＿＿＿＿＿＿
　　　　　ノウハウ公知のとき＿＿＿＿＿＿＿＿＿＿＿＿＿＿
* 出願中特許のローヤルティ＿＿＿＿＿＿＿＿＿＿＿＿＿＿＿
* ライセンシーの改良＿＿＿＿＿＿＿＿＿＿＿＿＿＿＿＿＿＿
* 最恵待遇＿＿＿＿＿＿＿＿＿＿＿＿＿＿＿＿＿＿＿＿＿＿＿

## 第10章　対価の支払い方法

* 支払い時期、期間＿＿＿＿＿＿＿＿＿＿＿＿＿＿＿＿＿＿＿
* 支払い通貨＿＿＿＿＿＿＿＿＿＿＿＿＿＿＿＿＿＿＿＿＿＿

- ＊　通貨交換_____
- ＊　送金先_____
- ＊　ローヤルティ計算書_____
- ＊　帳簿検査、やり方_____

## 第11章　最恵待遇

- ＊　最恵待遇の有無_____
- ＊　オプション_____
- ＊　通知義務_____

## 第12章　特許保証

- ＊　特許の有効性の保証_____
- ＊　特許無効のときの措置_____
- ＊　非侵害の保証_____
- ＊　侵害のときの措置、補償_____

## 第13章　性能保証

- ＊　性能保証の有無_____
- ＊　保証項目
    - 生産量_____
    - 品質_____
    - コスト_____

参考資料

* 試運転＿＿＿＿＿＿＿＿＿＿＿＿＿＿＿＿＿＿＿＿＿＿＿＿
　＿＿＿＿＿＿＿＿＿＿＿＿＿＿＿＿＿＿＿＿＿＿＿＿＿＿

* 保証未達のとき＿＿＿＿＿＿＿＿＿＿＿＿＿＿＿＿＿＿＿
　＿＿＿＿＿＿＿＿＿＿＿＿＿＿＿＿＿＿＿＿＿＿＿＿＿＿

## 第14章　情報の秘密保持

* 秘密情報の範囲＿＿＿＿＿＿＿＿＿＿＿＿＿＿＿＿＿＿＿
　＿＿＿＿＿＿＿＿＿＿＿＿＿＿＿＿＿＿＿＿＿＿＿＿＿＿
　＿＿＿＿＿＿＿＿＿＿＿＿＿＿＿＿＿＿＿＿＿＿＿＿＿＿

* 除外情報
　　　公知の情報＿＿＿＿＿＿＿＿＿＿＿＿＿＿＿＿＿＿
　　　以前から所有していた情報＿＿＿＿＿＿＿＿＿＿＿
　　　第三者から受け取った情報＿＿＿＿＿＿＿＿＿＿＿
　　　独自に開発した情報＿＿＿＿＿＿＿＿＿＿＿＿＿＿
* 他目的使用の禁止＿＿＿＿＿＿＿＿＿＿＿＿＿＿＿＿＿
* 秘密保持の期間＿＿＿＿＿＿＿＿＿＿＿＿＿＿＿＿＿＿
* 特許出願＿＿＿＿＿＿＿＿＿＿＿＿＿＿＿＿＿＿＿＿＿
* 輸出規制＿＿＿＿＿＿＿＿＿＿＿＿＿＿＿＿＿＿＿＿＿

## 第15章　不可抗力

* 洪水、落雷、地震，暴風＿＿＿＿＿＿＿＿＿＿＿＿＿＿
* 火災、爆発、疫病、事故＿＿＿＿＿＿＿＿＿＿＿＿＿＿
* 騒乱、暴動、戦争、ストライキ＿＿＿＿＿＿＿＿＿＿＿

* 政府規制＿＿＿＿＿＿＿＿＿＿＿＿＿＿＿＿＿＿＿＿＿＿

## 第16章　契約の譲渡

* ライセンスされた製造装置の譲受人へ＿＿＿＿＿＿＿＿＿＿
* 過半数の株式を所有する者へ＿＿＿＿＿＿＿＿＿＿＿＿＿
* 事業全体を継承する者へ＿＿＿＿＿＿＿＿＿＿＿＿＿＿＿
* 他社と合併する場合＿＿＿＿＿＿＿＿＿＿＿＿＿＿＿＿＿
* その他＿＿＿＿＿＿＿＿＿＿＿＿＿＿＿＿＿＿＿＿＿＿＿

## 第17章　契約期間

* 契約発効日＿＿＿＿＿＿＿＿＿＿＿＿＿＿＿＿＿＿＿＿＿
* 契約期間＿＿＿＿＿＿＿＿＿＿＿＿＿＿＿＿＿＿＿＿＿＿
* ライセンサーによる契約の解約
    * ライセンシーの契約不履行＿＿＿＿＿＿＿＿＿＿＿
    * ライセンシーの整理清算＿＿＿＿＿＿＿＿＿＿＿＿
    * ライセンシーの第3者による支配＿＿＿＿＿＿＿＿
* ライセンシーによる契約の解約
    * ライセンサーの契約不履行＿＿＿＿＿＿＿＿＿＿＿
    * 対象技術の使用中止＿＿＿＿＿＿＿＿＿＿＿＿＿＿
* 契約終了後の義務と権利
    * 秘密保持義務＿＿＿＿＿＿＿＿＿＿＿＿＿＿＿＿＿
    * 他目的使用禁止義務＿＿＿＿＿＿＿＿＿＿＿＿＿＿
    * 既得権の承認＿＿＿＿＿＿＿＿＿＿＿＿＿＿＿＿＿

参考資料

　　　残存商品の販売権＿＿＿＿＿＿＿＿＿＿＿＿＿＿＿＿＿＿＿＿

## 第18章　仲裁

* 　仲裁の可否＿＿＿＿＿＿＿＿＿＿＿＿＿＿＿＿＿＿＿＿＿＿＿
* 　仲裁地＿＿＿＿＿＿＿＿＿＿＿＿＿＿＿＿＿＿＿＿＿＿＿＿＿
* 　仲裁人＿＿＿＿＿＿＿＿＿＿＿＿＿＿＿＿＿＿＿＿＿＿＿＿＿
* 　仲裁規則＿＿＿＿＿＿＿＿＿＿＿＿＿＿＿＿＿＿＿＿＿＿＿＿

# 資料6　CHECK LIST FOR LICENSE AGREEMENT

このチェックリストは英語でライセンス交渉するときに使えるようにしたものです。内容は資料5のチェックリストより詳しくなっています。

1. PARTIES
2. PREAMBLE
3. DEFINITIONS
4. GRANT OF LICENSE
5. LICENSE RESTRICTIONS
6. SUBLICENSE
7. DISCLOSURE OF TECHNICAL INFORMATION
8. ENGINEERING, CONSTRUCTION AND COMMISSIONING
9. TRADEMARK LICENSE (ANCILLARY)
10. LICENSE OF IMPROVEMENTS
11. CONSIDERATION FOR LICENSE
12. METHOD OF PAYMENT
13. MOST FAVORED CLAUSE
14. WARRANTY, VALIDITY OF LICENSED RIGHTS
15. INFRINGEMENT OF LICENSED PATENTS
16. PERFORMANCE GUARANTEE
17. NON-DISCLOSURE OF INFORMATION
18. FORCE MAJEURE

19. ASSIGNMENT OF AGREEMENT
20. TERM OF AGREEMENT, TERMINATION
21. ARBITRATION
22. OTHERS

## 1. PARTIES

   1 ) Licensor

   ・Name_____

   ・Address_____

   _____

   ・Short title_____

   ・CEO_____

   2 ) Licensee

   ・Name_____

   ・Address_____

   _____

   ・Short title_____

   ・CEO_____

   3 ) Guarantee by Parent Company

   _____

   _____

## 2. PREAMBLE

   1 ) Licensor owns

   ・Patents_____

   ・Patent applications_____

   ・Technical information (know how) relating to_____

   _____

2 ) Licensor

　・Represents that it has the right to grant a license

　・The representation is supported by evidences＿＿＿＿＿

3 ) Licensee desires license relating to＿＿＿＿＿＿＿＿＿

## 3. DEFINITIONS

1 ) Patents

　・listed in schedule＿＿＿＿＿＿＿＿＿＿＿＿＿＿＿＿＿＿

　・presently owned＿＿＿＿＿＿＿＿＿＿＿＿＿＿＿＿＿＿＿

　・and hereafter acquired during the term＿＿＿＿＿＿＿

　・acquired for initial＿＿＿years period

　・acquired before＿＿＿＿＿＿＿＿＿＿＿＿＿＿＿＿＿＿

　・based upon inventions made before＿＿＿＿＿＿＿＿＿

　・relating to＿＿＿＿＿＿＿＿＿＿＿＿＿＿＿＿＿＿＿＿＿

2 ) Trademarks＿＿＿＿＿＿＿＿＿＿＿＿＿＿＿＿＿＿＿＿＿＿

3 ) Technical information (or know-how)

　・owned or controlled prior to＿＿＿＿＿＿＿＿＿＿＿＿

　・relating to＿＿＿＿＿＿＿＿＿＿＿＿＿＿＿＿＿＿＿＿＿

4) Product_____

5) Process_____

6) Territory:  exclusive_____

　　　　　　　non-exclusive_____

7) Net selling price
　・Invoice price
　　　　　　　― discounts
　　　　　　　― transportation charge
　　　　　　　― packaging charge
　　　　　　　― sales tax and VAT
　　　　　　　― customs duties
　　　　　　　― insurance charge
　　　　　　　― credits for rejection or return

8) Affiliates

## 4．GRANT OF LICENSE

1 ) Rights granted

・Right to use the technical information to make, have made, use and sell_____

・Right to use the technical information to_____
_____

・Right to practice the patented inventions to make, have made, use and sell_____

・Right to practice the patented inventions to_____
_____

・Right to use the trademarks_____

・Immunity from suit for infringement of the patents_____
_____

・Right to pass on to purchaser immunity from suit
_____

2 ) Exclusivity

・Non-exclusive to make, have made, use and sell_____

・Exclusive to make, have made, use and sell_____

・Exclusive for_____years and non-exclusive thereafter

・Exclusive right is converted to a non-exclusive, if
_____
_____
_____

・Licensor is excluded_____

- Subject to prior license _____

_____

- Right to register the license in Patent Office _____

3) Compulsory license

- Tie in _____

- Tie out _____

4) License for future expansion

- Granted _____

- Condition _____

_____

5) First refusal right

- To obtain improvements _____

- To extend to a new territory _____

- To purchase the products _____

6) Grant back of prior possession

- To Licensor _____

- To Licensor's affiliates _____

- To other licensees _____

## 5. LICENSE RESTRICTIONS

1) Field of use

- Restriction is imposed _____

- Limited to _____

_____

2） Territory

　・Restriction is imposed_____

　・Right to make is limited to_____

　・Right to use is limited to_____

　・Right to sell is limited to_____

3） Production capacity

　・Restriction is imposed_____

　・Limited to_____

　_____

## 6．SUBLICENSE OR EXTENSION

1） Right to sublicense

　・To affiliates_____

　・To any party_____

　・To specific firm_____

2） Right to extend license

　・To affiliates

　・To any party

　・To specific firm

3） Special condition_____

　_____

4） Share of royalty_____

　_____

　_____

## 7. DISCLOSURE OF TECHNICAL INFORMATION

1 ) Nature of technical information
   - Invention records_____
   - Laboratory reports_____
   - Development reports_____
   - Pilot plant design and operation specifications_____
   _____
   - Flow sheets_____
   - Commercial plant process design_____
   - Basic engineering_____
   - Detailed engineering_____
   - Equipment design and installation instructions_____
   _____
   - Production specifications and/or manual_____
   - Process operating information_____
   - Start-up procedure_____
   - Shutdown procedure_____
   - Quality control standards_____
   - Economic surveys_____
   - Sales promotion methods_____
   - List of customers_____
   - Drawings and photographs_____
   - Models_____
   - Tools_____

・Parts_____

・Machine lists_____

・Formulations_____

・Analytical method_____

2) Disclosure of improvement

・Given_____

・For specific term_____

3) Disclose back of Licensee's prior information

・Given_____

_____

4) Right to use technical information after termination

・No right_____

・Restricted right_____

_____

・Right to use without restriction_____

_____

## 8. ENGINEERING, CONSTRUCTION AND COMMISSIONING

1) Engineering

・Basic engineering_____

・Detailed engineering_____

・Equipment specification_____

2) Check of drawing_____

_____

3 ) Construction assistance _____
   _____

4 ) Commissioning assistance _____
   _____

5 ) Operating manual _____
   _____

6 ) Product test method _____
   _____

7 ) Training of Licensee's staff

　・Provided _____

　・Number of staff _____

　・Duration _____

　・Cost is borne by _____

　・Qualification of staff _____

　・Language _____

8 ) Dispatch of Licensor's staff

　・Provided _____

　・Number of staff _____

　・Duration _____

　・Absence fee _____

　・Daily allowance _____

　・Travel cost _____

9 ) Hold Harmless Clause _____

10) Maintain in force risk insurance _____

参考資料

## 9. TRADEMARK LICENSE （ANCILLARY）

1） Trademark

・Registration (or application) No.＿＿＿＿＿＿＿＿＿＿＿＿＿

＿＿＿＿＿＿＿＿＿＿＿＿＿＿＿＿＿＿＿＿＿＿＿＿＿＿＿＿＿＿

・Date of registration＿＿＿＿＿＿＿＿＿＿＿＿＿＿＿＿＿＿＿

・Country＿＿＿＿＿＿＿＿＿＿＿＿＿＿＿＿＿＿＿＿＿＿＿＿＿

・Class of goods licensed＿＿＿＿＿＿＿＿＿＿＿＿＿＿＿＿＿

＿＿＿＿＿＿＿＿＿＿＿＿＿＿＿＿＿＿＿＿＿＿＿＿＿＿＿＿＿＿

・Sample of trademark＿＿＿＿＿＿＿＿＿＿＿＿＿＿＿＿＿＿＿

＿＿＿＿＿＿＿＿＿＿＿＿＿＿＿＿＿＿＿＿＿＿＿＿＿＿＿＿＿＿

2） Obligation to use trademark

・Compulsory＿＿＿＿＿＿＿＿＿＿＿＿＿＿＿＿＿＿＿＿＿＿＿＿

・Voluntary＿＿＿＿＿＿＿＿＿＿＿＿＿＿＿＿＿＿＿＿＿＿＿＿

3） Exclusivity

・Exclusive＿＿＿＿＿＿＿＿＿＿＿＿＿＿＿＿＿＿＿＿＿＿＿＿＿

4） Right to use trademark after termination

・No right＿＿＿＿＿＿＿＿＿＿＿＿＿＿＿＿＿＿＿＿＿＿＿＿＿

・Limited right＿＿＿＿＿＿＿＿＿＿＿＿＿＿＿＿＿＿＿＿＿＿

＿＿＿＿＿＿＿＿＿＿＿＿＿＿＿＿＿＿＿＿＿＿＿＿＿＿＿＿＿＿

5） Quality control＿＿＿＿＿＿＿＿＿＿＿＿＿＿＿＿＿＿＿＿＿＿

## 10. LICENSE OF IMPROVEMENTS

1） Definition and/or scope of improvement＿＿＿＿＿＿＿＿＿＿

2) Improvements of Licensor

　・Licensed＿＿＿＿＿＿＿＿＿＿＿＿＿＿＿＿＿＿＿＿＿＿＿

　・Term＿＿＿＿＿＿＿＿＿＿＿＿＿＿＿＿＿＿＿＿＿＿＿＿

　・Additional royalty is necessary＿＿＿＿＿＿＿＿＿＿＿＿

3) Improvements of Licensee (Grant Back)

　・Patent only＿＿＿＿＿＿＿＿＿＿＿＿＿＿＿＿＿＿＿＿＿

　・Know-how plus patent＿＿＿＿＿＿＿＿＿＿＿＿＿＿＿＿

　・Licensed＿＿＿＿＿＿＿＿＿＿＿＿＿＿＿＿＿＿＿＿＿＿＿

　・Term＿＿＿＿＿＿＿＿＿＿＿＿＿＿＿＿＿＿＿＿＿＿＿＿

　・Exclusivity＿＿＿＿＿＿＿＿＿＿＿＿＿＿＿＿＿＿＿＿＿

　・Irrevocable＿＿＿＿＿＿＿＿＿＿＿＿＿＿＿＿＿＿＿＿＿

　・Grant back to Licensor＿＿＿＿＿＿＿＿＿＿＿＿＿＿＿

　・With sublicense to affiliates＿＿＿＿＿＿＿＿＿＿＿＿＿

　・With sublicense to other licensees＿＿＿＿＿＿＿＿＿＿

　・With sublicense on reciprocal basis＿＿＿＿＿＿＿＿＿

　・With sublicense to any party＿＿＿＿＿＿＿＿＿＿＿＿

4) Joint R&D＿＿＿＿＿＿＿＿＿＿＿＿＿＿＿＿＿＿＿＿＿＿

5) Patent application＿＿＿＿＿＿＿＿＿＿＿＿＿＿＿＿＿＿

・Assignment of priority right＿＿＿＿＿＿＿＿＿＿＿＿＿＿＿＿＿
＿＿＿＿＿＿＿＿＿＿＿＿＿＿＿＿＿＿＿＿＿＿＿＿＿＿＿＿＿＿

## 11. CONSIDERATION FOR LICENSE

1) Type of Consideration
   ・Lump sum payment＿＿＿＿＿＿＿＿＿＿＿＿＿＿＿＿＿＿＿
         creditable to＿＿＿＿＿＿＿＿＿＿＿＿＿＿＿＿＿＿＿
   ・Running royalty＿＿＿＿＿＿＿＿＿＿＿＿＿＿＿＿＿＿＿＿
   ・Paid-up royalty＿＿＿＿＿＿＿＿＿＿＿＿＿＿＿＿＿＿＿＿
   ＿＿＿＿＿＿＿＿＿＿＿＿＿＿＿＿＿＿＿＿＿＿＿＿＿＿＿
   ・Know-how disclosure fee＿＿＿＿＿＿＿＿＿＿＿＿＿＿＿
   ・Minimum royalty＿＿＿＿＿＿＿＿＿＿＿＿＿＿＿＿＿＿＿
   ＿＿＿＿＿＿＿＿＿＿＿＿＿＿＿＿＿＿＿＿＿＿＿＿＿＿＿

2) Running royalty
   ・Royalty base＿＿＿＿＿＿＿＿＿＿＿＿＿＿＿＿＿＿＿＿＿
   ＿＿＿＿＿＿＿＿＿＿＿＿＿＿＿＿＿＿＿＿＿＿＿＿＿＿＿
   ＿＿＿＿＿＿＿＿＿＿＿＿＿＿＿＿＿＿＿＿＿＿＿＿＿＿＿
   ＿＿＿＿＿＿＿＿＿＿＿＿＿＿＿＿＿＿＿＿＿＿＿＿＿＿＿
   ・Royalty rate＿＿＿＿＿＿＿＿＿% of sales
   ・Royalty rate＿＿＿＿＿＿＿＿＿￥ per unit

3) Price indexing
   ・Specify price index＿＿＿＿＿＿＿＿＿＿＿＿＿＿＿＿＿＿

4) Income tax
   ・Above amount includes income tax＿＿＿＿＿＿＿＿＿＿＿

5 ) Special consideration for sublicense
　　・Imposed＿＿＿＿＿＿＿＿＿＿＿＿＿＿＿＿＿＿＿＿＿＿
6 ) Royalty for future expansion
　　・Royalty discount＿＿＿＿＿＿＿＿＿＿＿＿＿＿＿＿＿

　　＿＿＿＿＿＿＿＿＿＿＿＿＿＿＿＿＿＿＿＿＿＿＿＿＿

7 ) Licensor's option to acquire stock of Licensee
　　・Granted＿＿＿＿＿＿＿＿＿＿＿＿＿＿＿＿＿＿＿＿＿
8 ) Change of royalty rate during the term
　　・When sales exceed some amount＿＿＿＿＿＿＿＿＿＿
　　・After some years＿＿＿＿＿＿＿＿＿＿＿＿＿＿＿＿＿
　　・When patent becomes void＿＿＿＿＿＿＿＿＿＿＿＿＿
　　・When patent is rejected＿＿＿＿＿＿＿＿＿＿＿＿＿＿
　　・When know-how becomes part of public domain＿＿＿

　　・Periodical reconsideration (5 years)＿＿＿＿＿＿＿＿

　　・Because of the most favored clause＿＿＿＿＿＿＿＿
　　・When capacity increased by Licensee's improvement＿

## 12.　METHOD OF PAYMENT

　1 ) Currency of payment＿＿＿＿＿＿＿＿＿＿＿＿＿＿＿＿
　2 ) Exchange rate＿＿＿＿＿＿＿＿＿＿＿＿＿＿＿＿＿＿＿
　3 ) Bank＿＿＿＿＿＿＿＿＿＿＿＿＿＿＿＿＿＿＿＿＿＿＿

4 ) Statements of earned royalty

　・Annually, within＿＿＿＿days of end of year

　・Quarterly, within＿＿＿＿days of end of quarter

　・Other periods, (specify)＿＿＿＿＿＿＿＿＿＿＿＿＿


5 ) Payment due

　・Within 30 days after the last day of period＿＿＿＿＿＿

6 ) Inspection of Licensee's account

　・Permitted＿＿＿＿＿＿＿＿＿＿＿＿＿＿＿＿＿＿＿＿

　・At any time during business hour＿＿＿＿＿＿＿＿＿＿

　・By whom＿＿＿＿＿＿＿＿＿＿＿＿＿＿＿＿＿＿＿＿


## 13. MOST FAVORED CLAUSE

　・Licensor required to notify Licensee of similar license＿＿＿

　・Licensee has option to take term of similar license


## 14. WARRANTY, VALIDITY OF LICENSED RIGHTS

1 ) Licensor's obligations

　・Licensor declares that the patents are valid＿＿＿＿＿＿

　・Licensor undertakes maintain and protect the patents＿＿＿

2 ) If patents held invalid, then:

 · Licensee may terminate: as to invalid claims_____

 · Licensee may terminate entire agreement_____

 · Licensee may demand repayment of past royalty_____

3 ) If know-how becomes part of public domain, then:

 · Licensee may terminate: as to know-how which becomes public domain_____

 · Licensee may terminate entire agreement_____

4 ) Infringement of third parties patents

 · No indemnity by Licensor_____

 · Licensor represents there is no patent dispute_____

 _____

 · Licensor indemnifies Licensee_____

 · Licensor pays costs : without limitation_____

 _____

 · Licensor pays cost up to some amount_____

 _____

 · Guidance for plant modification to avoid infringement

 _____

 · Reduction of royalty rate

 _____

## 15. INFRINGEMENT OF LICENSED PATENTS

1 ) Past infringement by Licensee, if any

・Forgiven_____

・Forgiven for payment of_____

2 ) If infringed by others

・Who will notify_____

・Licensor is under obligation to institute legal proceedings

_____

・If Licensor does not institute proceedings, the rate of royalty shall be reduced to_____

## 16. PERFORMANCE GUARANTEE

1 ) Performance guarantee is given_____

・Performance guarantee is not given, but best effort is promised

_____

2 ) Guarantee items

・Product quality_____

・Production capacity_____

・Yields_____

・Utility consumption_____

3 ) Test operation to prove guarantee

・Preconditions as to equipment, raw materials, etc.

_____

_____

・Method of test operation_____

_____

4 ) Remedies, if guarantee is not attained_____

_____

5 ) Penalty, if guarantee is not attained_____

_____

## 17. NON-DISCLOSURE OF INFORMATION

1 ) Definition of information to be protected

_____

_____

_____

2 ) Party under obligation
   - Licensee_____
   - Licensor_____

3 ) Limitation as to time
   - No time limit_____
   - _____years after execution of the agreement
   - _____years after disclosure of information
   - _____years after termination of the agreement

4 ) Information excluded
   - Which is in the public domain_____
   - Which becomes part of public domain_____

- Which was in the prior possession_____
- Which is received from a third party_____
- Which is developed independently_____
- However, specific information is protected_____
- However, sources of information is protected_____

5) Necessary disclosure permitted under condition
   - To employees_____
   - To sublicensees_____
   - To contractors_____
   - To agents_____
   - To distributors_____
   - Conditions_____

6) Non-use, Restriction on use
   - Licensee shall not use information for any other purpose

7) Obligation to return documents
   - Upon termination_____

8) Export control by Government

## 18. FORCE MAJEURE

1) Licensor has right_____
   - Licensee has right_____

2) Nature of Force Majeure

　・Natural events: fire, floods, lightening, windstorm, earthquake, etc._____

　・Accidents: fire, explosion, epidemics, failure of equipment, transportation accidents_____

_____

　・Civil events: commotion, riot, war, strike, labour, disturb-ances

_____

　・Governmental: governmental controls, court order_____

_____

　・Any cause beyond control of party_____

_____

3) If held invalid or unenforceable,_____

## 19. ASSIGNMENT OF AGREEMENT

1) Not assignable by either party_____
2) Assignable by Licensee
　・With prior consent of Licensor_____
　・Upon merger_____
　・To successor of entire business_____
　・To any company a majority stock is owned_____

_____

　・To a transferee of the licensed plant_____
3) Assignable by Licensor

参考資料

・With prior consent of Licensee_____

・Upon merger_____

・To successor of entire business_____

・To any company a majority stock is owned

_____

## 20. TERM OF AGREEMENT, TERMINATION

1 ) Coming into effect

・From some specific date_____

・When approved by relevant governments_____

・When executed by both parties_____

2 ) Term

・Forever_____

・For_____years from the date of Agreement

・For_____years from the beginning of production

・Until specific date_____

・Until some future event_____

_____

・For the life of any patent (specify)_____

_____

3 ) Termination by Licensor

・Upon default of Licensee after written notice_____

・Upon prior written notice after_____years

・When Licensee goes into liquidation_____

— 201 —

- When Licensee becomes controlled by a third party_____
- Non accomplishment of minimum sales_____
- When Licensee contests validity of patent or know-how

_____

4) Termination by Licensee
   - Upon default of Licensor after written notice_____
   - Upon prior written notice, after_____years
   - When patent becomes void_____
   - When patent is rejected_____
   - When know-how becomes part of public domain_____
   - Upon payment of penalty of_____dollars
5) Rights after termination
   - Licensor retains any rights and immunities granted prior termination_____
   - Licensee retains any rights and immunity granted prior termination when terminated after_____years
   - Licensee has right to manufacture and sell the licensed products for which contracts have been executed before such termination_____
   - Licensee has right to sell the licensed products manufactured prior to termination_____
6) Obligations after termination
   - Non-disclosure of information_____
   - Restriction on use of know-how_____
7) Renewal of agreement_____